RESET REPLAY. RESTART.

小松敦

HEAVENS

女性モード社

プロローグ

この書籍の依頼をいただいたのは、コロナ禍の真っただ中でした。
そんな時期に執筆とは……その時の率直な感想です。

さすがに自分の中でも、仕事をしていて不安を感じる要素がとてつもなく大きくなった時期もありました。

経営者ですからね。

実は感染が全国的に広まってきた2020年の夏ごろから、何となく胸中の想いを書き留め始めていました。
そんな気分になったのも、世の中が誰も経験したことのない状況だったからです。

HEAVENSも3週間の臨時休業をいただきました。

40年以上の美容師経験の中で、あんなに仕事を休んだことはありません。
悶々《もんもん》とする日々が続きました。
動けない。語れない。思考が止まりそうでした。
その代わり、今まで後回しにしていた、今後の生き方などを深く考える
時間が増えたのも事実です。

今回は、前作『似合う髪 美しい髪 新しい髪』の空気感と全く違う印象
になるでしょう。
世界中で起きたコロナ禍の中、東京の表参道で美容師をしている僕が感
じたことを綴《つづ》らせていただきました。

本書の執筆を一区切りにして、未来に向かいたいと思います。
皆さんに読んでいただき、生き方のRESETの機会になれば幸いです。

HEAVENS 小松 敦

禁煙
No Smoking

目次

第二章　社会の中の美容室　42

第三章　気付きと疑問の再考　80

TEXT & PHOTO
ATSUSHI KOMATSU [HEAVENS]

ART DIRECTION & DESIGN
TRANSMOGRAPH

RESET.
REPLA
Y.REST
ART.

HEAVENS
CLOSED
HEAVENS
24H
CCTV
VIDEO
SURVEILLANCE
WARNING
防犯カメラ 録画中

第一章　不安と希望と現実と

あの時から……

東日本大震災から11年が過ぎました。東北出身の僕にとって、あの時から価値観が変わり始めた。災害が続く日本。そしてコロナ禍。その過程で感じた多くのこと。

東京、日本のみならず、全世界を覆ったコロナ禍。

感染に怯《おび》え、ワクチンへの認識が仲違《なかたが》いや偏見を生み、国と地域と人種を分断させた。

さらに後遺症への恐怖。僕は国内の感染者数が減ってきたころになって、電車での通勤時にはマスクを二重にしていました。

二度のワクチン接種は完了。とはいえ不安は拭いきれないですよね。

普通の感覚だと、取りあえずの安心感は得られたという感じでしょう。

平穏な感覚というのも、今となってはよく分からない。重くのし掛かる不安感と絶望感に似た感情。皆、今までとは違う現実をやっと理解し始めている。

特に美容師には、幸せを売る職業故の葛藤に似た感情があるはず。美しさやかわいらしさ、オシャレをする楽しさといったリアルな充実感を提案・提供してきた美容師や美容業界は先行きも気分も微妙です。

こうした感情の中でこの本を執筆し始めているわけで、これが世に残るものだと考えると、その事実をどう捉えていいのか、正直戸惑いがある。

それは僕自身が現役の技術者であり、経営者でもあるから。

そこで、まずは少し振り返ってみることにしました。

今までやってきたことを。その背景や意味を。

果たして皆さんのためになるのかどうか分かりませんが……。

それでも自分が行ってきたことの意義を信じて。

考えるな！　感じろ！

なぜかしばらく書けていない。

２０２１年１月。
今、まさに２度目の緊急事態宣言中です。
あと10日ぐらい続くようです（実際には３月21日まで続いた）。
やはり世の中は感染と景気の話題で持ちきり。僕の頭の中も同様です。
仕事があるのが当たり前で、食べていけるのが普通だった世の中が一変しました。

でも、以前からそういった失業や貧困といった現実はあったわけで、それが際立った課題になった感じです。

我々美容師はというと、何だかのんきな空気が相変わらずあります。

そういう自分も、何にも動けていないようで、本当に情けない。

考える。いや。こんなときは心の師匠、ブルース・リーの名言を胸に刻む。

「Don't think. Feel!」考えるな！　感じろ！　です。

感じる。感じろ……。

ダメでした。

コロナ禍で脳や心がフリーズしています。

動こう。こうなったら動くしかない。

まず、頭の中に描いてきたことを整理する。

移動制限が続く。人を集めることも禁止。
自分はどんな能力を持っているのか？
移動せず、東京から自力で発信できることを探し出す。

ぼんやりとしていたコンセプトをより明確にして、まずはイベントのために制作し、楽しんでいただけた美容師向けワークウエアのブランドの立ち上げと、動画での活動を同時に進行する。全国の美容師さんたちに元気を届けたい。

これらを別々に動かすのではなく、同時進行しながらリンクさせる。
バラバラにではなく、それぞれを連動させないと意味がない。

昭和のおじさんが、必要性を分かっていながらどうしても抵抗を感じて手を付けてこなかったネットやオンラインでの活動。
これからますますスタンダードになるはずです。

心から楽しめない

緊急事態宣言明け、タイミングを計り、覚悟して帰省しました。
誰にも会わないよう、地元の知人に連絡もせず、静かな故郷の温泉宿に行きました。
これはタブー？なのかもしれませんが、お墓参りのためでした。

宿は現代的な建築でした。
温泉もドラマチックで感動的。
料理も地産地消でとても美味しい。

全てがステキだった。

でも、記憶に残らないのです。
食べたものも思い出せない。
観たものも同じ。
思い出せない。

普段の旅行ならLeicaを持ってたくさん写真を撮っているのに。
写真もあまり撮ってない。

心から楽しめていなかった。

テンションが上がらないとこうなるのね。
人間とはそういうものなのです。
よ〜く分かりました。

ヘアデザインの未来

今のご時世では、ファッションやアートといった文化的なことを楽しむ行動は、どうしても後回しになりがちです。災害や疫病が流行っていたら、当然、命を守る行動が第一であり、生活の維持と家族の安全が最優先となります。

コロナ禍以前と、ものごとの優先順位が大きく変わりました。


僕ら美容師も、デザインやトレンドを語ることが、どこか違う気がしてしまい……。

それでも、少しでも平穏で、清潔で、安心な生活に貢献するため、髪を整える提案をさせていただいてきました。おかげさまで２０２１年12月現在、美容室は国民全体が通常の生活を取り戻しつつある流れに伴い、通常営業ができるようになっています。

まだまだ油断は禁物ですが……。

日本中がコロナ禍というかつてない経験をし、未だその渦中にある今、美容師もお客さまも、以前に比べてヘアケアや髪質改善といったメニューに意識が向いている傾向を感じます。特別な変化より、安全で快適なことが志向されています。

これも時代の流れであり、必然なのかもしれません。

それでも僕は、ヘアデザインの重要性や、個性的であることの必要性を伝えたい。

今だからこそ、何らかのムーブメントが必要なのです。

断捨離、ノームコア、ミニマリズムといった価値観も大切です。

しかし経済も回そう！

とにかくヘアは元気な方が良い。元気があれば何でもできる！(笑)

歩みを止めずに素敵なヘアデザインを発信し続け、美容師という職業の重要性を、世の人々に感じていただきたいですね。

豊かさの質を考えるとき

行動制限など受けたことがないですよね。

そりゃ子どもの頃は海や川で遊ぶときに危ないと注意されたり、入ってはいけないと言われたりするような、危険な場所などはありました。

東北の日本海側は冬になると寒く、外に出歩くのがつらくなるので、遊び歩くのがままならないこともあります。

そもそもそれが嫌で東京に出ると心に決めたので……。

緊急事態宣言が発令された東京。

さすがにあそこまで行動を制限される生活は誰も想像していなかったでしょうし、初めての経験だった人が多いはず。

しかもそれが日本だけでなく、世界中で同時に起こっている現実に驚きです。
皆さんも何も制約のない、自由な生活を送れていたことに、改めて価値を感じたのではないでしょうか。

そうした平穏を継続、維持し続けるためには、何から始めていくべきなのか？
今後は、このことを考えた生活様式が定着していくでしょう。

必要か、そうでないかを判断し、それは何かを理解する。
こうした思考もセンス良く生きることにつながっていくのだと感じた。

またそうしてこそ、真の豊かさが見えてくるような気がします。

今までの僕らは、豊かさの質と意味を取り違えていたのかもしれないです。
その意味をもう一度考える必要がありそうです。

タイミング

何かしら行動するためには決断が必要。
しかしこんな年齢になると決断力が落ちるものです。
それでもやらなければいけない時は来ます。

自分のこれからの生き方と、サロンやスタッフのこれからの在り方を共有して考えていく必要がある。

コロナ禍で、全ての人が未来について感じ始めた。
様子見や先延ばしにする理由はもうありません。
計画を立てて１つ１つていねいに実行していく。

やるべきであるとは分かっているし、その流れは自然で必然。

それは1つ。

想いを継続させていくこと。
ただしその形は同じではなく変えていく。変え続けていく。
新たな時代、新たな価値観をつくる気持ちで。

Let it be. Let it be.
なすがまま、なすがままに。

「白ばらヘアショー」の後にあるもの

今まで、僕は47都道府県のほとんどを講習会やセミナーなどで訪れてきました。

それなのに、なぜか東北や地元の山形県に行くことは本当に少なかったのです。

それでもここ数年は、地元の美容師さんたちの熱意もあり、大きなステージでのセミナーの依頼をいただくことができ、イベント出演を数回経験できました。

やっと、故郷に錦でした。

そんな時に、山形県の港町・酒田市にある「グランドキャバレー白ばら」の存在を、クラウドファンディングで知ったのです。

きらびやかで妖艶《ようえん》な、大きなステージのある昭和のキャバレー。

ここでヘアショーをやりたい！　絶対に面白い！　次第に枯れ沈んでいく故郷の文化遺産を美容師の力で盛り上げていきたい！　そんな想いが強くなりました。

イベント名を「白ばらヘアショー」と命名し、すぐに行動。まずは僕の地元・山形で活動する情熱的な美容師の方々、そして今まで僕のイベントに関わってくれた全国の美容師さんにお声掛けし、出演をお願いしたい方々には協力を依頼。東京を拠点としながら、各地の連絡網を駆使しました。メーカーさんや各地のディーラーさんにもイベントの趣旨に共感していただくことができ、ご後援を賜りました。

イベント当日、会場は熱気にあふれ、山形県内はもちろん東北各県や関東、東京からも観客が集まり、期待以上の盛り上がりを見せました。初めてヘアショーを観るという地元理美容師の方も多く、美容の素晴らしさを改めて感じていただけたと思います。

また、今までにない美容イベントにするため、Tシャツやキャップ、缶バッジといったオリジナルグッズを販売したり、小さな写真集をつくったりと、まるで音楽フェスやライブのような賑わいのイベントとなったのです。イメージ通りの盛況でした。

そして翌年には「白ばらヘアショー2」を開催。第一部はヘアショーコンテストで、出演者は地元のサロンの方々を始め、盛岡、秋田、千葉と多方面からエントリーいただき、我々がステージでの表現とヘアを審査するというユニークなコンテストです。地元の美容師さんにスポットライトを当てたい。そうした、地域に埋もれた才能を発掘することもこのイベントの目的だったのです。

そして第二部はHEAVENSチームによる、キャバレーらしい演出のヘアショー。当サロンのスタッフが、オーナーの地元でヘアショーを！感無量な体験でした。

2年連続で行った「白ばらヘアショー」は、地元のテレビニュースや新聞にも取り上げられるなど、美容師たちの活動を一般の方にも知ってもらえる機会となり、美容の楽しさを広めてくれる、意義あるイベントとなったのです。

美容業界誌にも掲載されたことで、こういった活動に対する思考は、出演者たちにとって美容の素晴らしさを伝えるためのモチベーションとなり、その後の活動につながっていくと思います。

才能の発掘、モチベーションアップ、学びの機会。

どんな地方でも、自分たちの熱量次第でそうした機会をつくることができる。

社会に埋もれず、美容師が一般社会から注目を集めることもできるのです。

僕にとっては自分のことより、こうした活動の価値を、関わるみんなで生み出し共有したいという願い一筋でした。


残念ながら2020年に開催を予定していた「白ばらへアショー3」、また新しい形のセミナー「白ばらビューティフェスティバル」はコロナ禍で中止となりました。

今の国内事情では動けません。

それでもじっくりと、その時代に必要な、刺激的なイベントを企画したい。

まずは今できること（YouTube チョッキン倶楽部！等）から動きます。

「白ばら」というステキな場で、再びイベントを開催できる日が来ると思います。

その時はまた、皆さんのお力もお借りしたいです。

チョッキン！てなに？

完全に美容師の手で自主開催しているセミナーイベントです。

２０１６年の秋に東京でスタートし、横浜、福岡、大阪、新潟、札幌、福井、広島、名古屋で開催。そして何と、我が故郷の山形県鶴岡市でも行いました！

２０２０年には金沢、神戸、京都、盛岡、埼玉の5会場での実施を予定していました。


がしかし……。


日本列島全域に、新型コロナウイルスの感染が拡大。

美容イベントも徐々に延期・中止となり、「チョッキン！」も全て中止を決断したのです。自分たちの都合ならどうにかしますが、さすがにコロナ禍では無理。でも何だかモヤモヤして、気持ちの整理がつかなかったです。

もともとこのイベントは、有志の美容師グループがメーカーさんのサポートで僕を呼んでくれた、小さなセミナーが始まりです。

そこから僕の盟友・HYSTERIAの近藤繁一氏と、どうせなら他に無い、ユニークなセミナーを目指そうと発足。イベントとして僕らもやりがいを感じられるサロンワークに近い構成にするため、モデルさんとは当日にステージで初顔合わせ、そのままステージ上でカウンセリングし、ヘアを決めて一気にガチカットという、昭和美容師のカルチャー感満載の内容にし、大好評をいただきました。

そして全国ツアーをやろう！となり、夢と希望と笑顔のセミナー「チョッキン！」がスタートしたのです。

このイベントのすごいところは、各地での開催に協力してくれる美容師さんたちの存在です。それまで僕が講師や審査を担当した、全国各地で行われたセミナー、コンテストなどで知り合った信頼できる優秀な美容師さんたちに協力していただいています。モデルさんのアテンドや、もろもろの準備などもお願いできました。

彼らの協力なくしては、実現できなかったのも事実。こうしたサポートメンバーがいてくれることには、感謝してもしきれません。つながりは大事です。ある意味、本当の財産でした。

ところが2020年以降、コロナ禍で活動停止状態の僕ら……。しかし黙っていても仕方がない！と奮起し、2021年3月にYouTube「チョッキン倶楽部！」を開設しました。東京だけでなく、全国的にイベントなどがなくなった美容業界において、何かしら動いて小さな風を起こすぞ！と。

毎回、視聴者には僕と近藤さんの掛け合いで笑っていただいたり、スペシャルなゲストとの対談で、僕らも刺激を受けたりしています。

今後、このコロナ禍を経て、美容業界がどうなるのか分かりません。それでも僕らだからこそできる活動を見いだし、皆さんと共有していけたらうれしい限りです。

小松 敦が、皆さんからの質問に答えました①

挫折を経験したことはありますか？ またそれをどう克服しましたか？

悔しい思いはたくさんしたし、挫折した経験もあると思います。でも、あまり覚えていないのです。自分の中で「挫折」にしない、そこまで自分を追い詰めないようにしています。もし挫折だと感じてしまったら、自分の好きなことに時間を使ったり、カットの練習に没頭したりするなど、具体的な行動に移すことで挫折感は消えるかもしれませんよ！

小松さんの情報収集のクセや、ツールなどは？

特別な方法やツールはありません。ただ、「集めようとして集めた」情報は、感じ方が「データ」になる気がします。とある情報に接し、「なるほど」「そうか」と感情が動かないと、自分の行動にはつながらないと思います。しいて言うなら、僕は美容が好き、写真が好きと宣言していますが、それによって自然に情報が集まり、それが活動につながっている気がします。興味が湧いたら動く。これしかない。

原宿表参道美容師

僕は毎日のように表参道を歩いています。出勤ルートなので。

明治神宮前という地下鉄の駅を出ます。

けやき並木の歩道を歩いてキデイランドを過ぎ、シャネルとディオールの路面店の間を右に折れた先に、勤務地であるHEAVENS HONTENがあります。

日常です。そこに特別な感情はありませんでした。

でもコロナ禍を経て、改めて深く感じ考えることが増えました。


この場所で、僕らはどういう仕事をしていくべきなのか？

期待されていることは何か？

美容師としての生き方はどういうものなのか？ ということを。

当たり前だった毎日の景色が激変しました。
一時はロックダウンされたような誰もいなくなった街の景色。
全く変わりました。
そこにあるべきショップや外国人観光客など、など。

もちろん変わらない場所も多い。
がんばって、ふんばっているのです。
ヘアサロンへの影響もいろいろさまざまです。
もう一度、もう一回RESETしてのSTARTです。

みんなが憧れ、オシャレを楽しみながら笑顔で闊歩していたストリート。
素敵なヘアスタイルで歩く人にあふれる街に、また戻したい。

美容師の底力を見せましょうよ。

ささやかで当たり前な価値

コロナ禍において、美容師やヘアサロンが直面した現実には、それまで経験したことのない、厳しいことが多かったと思います。

それでも我々の気持ちを高めていただけることも確実にありました。

それは、お客さまが僕ら美容師を必要としてくれていたことです。「私の生活にないと困る！」「髪を切って整えてもらうのは最高のリフレッシュ！」「休業が明けるのを待ち望んでいたよ」…etc.

勇気をいただきました。心より御礼申し上げます。

医療・福祉関係の方々は、コロナ禍の最前線で大変なご苦労や葛藤を抱え、お仕事をされています。真の意味でのエッセンシャルワーカーだと思います。その役割は唯一無二であり、感謝しかありません。

我々はそうした真のエッセンシャルワーカーとまでは言わないまでも、お客さまである一般の方々が、美容師の仕事を生活の基本的な部分で必要とし、重要性を感じてくださっていることを実感できました。正直に言って想像を超えていました。

よく美容の価値とは？　美容において価値を創造することとは？　といった問いを美容業界で耳にします。答えはいろいろあるのでしょうが、実は本当にささやかで、当たり前の価値でも良いのだと感じました。

あまり大げさに考えなくていいのですよ。

美容師は、お客さまが快適で気持ちよく暮らすための仕事。

人々の生活に、間違いなく絶対に必要な職業なのですから。

第二章　社会の中の美容室

ネット時代の美容師像

自分はネット世界とかいうものは、全然ダメな方だと大昔は思っていました。
でも実は、HEAVENSのウェブサイトを立ち上げた1998年ごろ、
サイト上で「ひとりごと」を月一ぐらいで書いていました。
いわゆるブログみたいなものですね。

こういうものは、普通、日々気になったことを文章にするのでしょう。
今はリア充なネタとか新しい製品を使用した感想などを述べたりするのでしょうが、
その頃は美容全体の話や価値観について書いていたように思います。
サイト上でコーナー的に載せていたので、当然今のように「いいね!」なんていう反応はありません。

ただ半ば仕方なく載せていたメールアドレス宛に、感想などをいただいていました。そのメールの中には「美容師を辞めたいのだが……」とか「勤務先に好きな人がいて……」なんていう恋愛相談みたいなものがあったりしましたが、大抵はお客さまから寄せられた、髪型の相談だったように記憶しています。

それと僕がいろいろなエリアで行ったセミナーやショーなどへの感想、激励も多かったです。そうした経験から、意外と自分は文章やパソコンを使ったコミュニケーションもイケるかも、と感じるようになったわけです。


そして僕がＳＮＳ等でネットを本格的に活用し始めたのは、東日本大震災の後。連絡網的な目的でFacebookを使い始めました。

勝手に書き込まれる掲示板より、自分が先行して表現できるＳＮＳは、性に合っているような感触もありました。そのうち僕個人の表現だけでなく、美容業界を俯瞰《ふかん》した話や写真も同時に載せられるInstagramも始めて、Facebookと同様の使い方をし、さまざまな活動につなげています。

そう、大切なのは活動することなんですよね。

活動の意味は「活発に動いたり働いたりすること」と辞書にあります。

美容師の職業意識として、僕の中には技術の練磨やサービスの向上があり、ある意味それが全てだと考え今までやってきました。

ところがさまざまな「情報」というものが人々の関心ごとの上位となった今。僕ら美容師でさえ、受ける側としても発する側としてもその重要度が高まり続けています。

今後もこの傾向は続いていくはず。

スマホは良くない、ネットは危険だなどと言われた時代もありましたが、いずれも緊急時や災害時に、最も必要なものだと考えられるようにもなりました。

では、美容師は何を発信するべきなのか？

これも何を正解とするかは難しい問題です。

僕が１つだけ感じるのは「自分の優位性」だけを表すのはカッコ悪いということ。
その優位性をどう世の中に生かすか。そこにその人の生き方におけるセンスが表れるのではないでしょうか。

世の中には美容師がどう映って見えているのか？
そういうことも考えながら、一見して同じような情報でも、その質と広げ方の目的を深く考え、表現するべき時代になってきています。

美容師やサロンのＳＤＧｓ

これから世界でスタンダードな価値観になることに対して、僕ら美容師と、サロンはどう取り組んでいくのか？という お話です。

そもそもＳＤＧｓとは「Sustainable Development Goals（持続可能な開発目標）」の略称。２０３０年までに持続可能でより良い世界を目指す国際目標であり、17のゴール、１６９のターゲットで構成され、地球上の「誰一人取り残さない（leave no one behind）」ことを誓う、という内容です。

詳しくはご自分でもお調べください（そうじゃないと記憶に残らないので）。

個人個人の生活や仕事場などでできることは限られるかもしれません。

何しろ時間がない！　１人でできることには限りがある！　それでも思ったことは速やかに行動に移そう！ということでHEAVENSでは、まずはお客さま用のドリンクのボトルをビニールラベル無しに変更、ストローも生分解される環境に配慮したモノに変えました。

少し価格は上がりますが、そんなことを言ってる場合ではないので。

うちのサロンがこれを行ったからといって、すぐに何かしらの効果が出るわけではありません。ただ、関わるスタッフやお客さまにも気にしていただき、意識の改革に少しでもつながれば良いかと考えてのことです。

美容業界は薬剤を使う業種です。故に課題も多く、メーカーさんやディーラーさんと一緒に考えていくべきことだと思います。

例えば使用済みヘアカラー剤のアルミチューブの回収など、身近でできそうなことから業界のみんなで一緒に考えていただきたいです。

断捨離

これもコロナ禍で耳にする機会がますます増えたワードですね。
この際無駄なものは捨てよう！
必要のない買い物は控えよう！
これからはミニマリストの時代だ！
分かっています。それでもなかなか捨てられない……（笑）。

ＳＤＧｓも断捨離の感覚を後押ししているのかもしれません。
確かに過剰供給やフードロスは世界的な問題だし、それを一因に引き起こされる貧困も課題。そしてダイバーシティの推進で、それぞれに考えがあっていいという気運が高まった結果、さまざまな問題が浮上してきたような気がします。

もちろんその流れで良いのだとも思います。

それに今までの豊さへの憧れには間違った解釈もあったのでしょう。

お金持ちになることが罪というわけではなく、それは成功の対価でもあり、それをどう生かすかが問題なのではないでしょうか。

僕は、そこにその人のセンスが表れるのだと考えています。


僕も60歳を超え、これからの人生に何が必要で、何が必要ないのかを思案し始めた矢先のコロナ禍。改めて立ち止まってみて、本当に必要なものは何かを深く考える機会にもなりました。


断捨離とは、モノを捨ててシンプルに生活するという意味もあるのでしょう。

ただしそれは、将来のライフスタイルを考えることにもつながるはず。

断捨離は、その人にとって「大切な選択」という意味なのだろうと。

個人主義

時代の風潮なのか、僕にはちょっと分からない。
多分今まで長くチームの中で生きてきたからでしょう。

昔やっていた少林寺拳法は個人競技でした。趣味では個人で楽しむときもありますが、ほとんど何かしらに属していたり、誰かと、または数人で一緒に活動してきました。
今もこれからも、いくつものチームを大切にしながら人生の意義を楽しみたいです。

だからと言って個であることを否定するつもりはありません。
今こうやって進めている執筆も、断然お一人さまの方が集中できる（笑）。
カメラを構えるのも、僕の中では唯一無二な個の活動であり、重要な時間です。

男性はよく書斎を構えたがります。
何となく気持ちは分かります。僕はそうはしなかったけど。
世の流れは、個で楽しむ方法をたくさん生み出してきました。
パソコンやゲーム機、スマホの類い。それらはビッグビジネスにもなりました。

そうした中で、ネット上の各種コミュニティーやＳＮＳは、つながっているとはいえ現実的には個です。自分は１人で楽しんでいる、誰にも迷惑を掛けていないと思う方も多いでしょう。確かにそうですよね。それは自由です。

でも、あなたを想いやっている人は絶対にいます。

僕ら美容師は、必ず人と現実的に向き合い、現実的につながる仕事をしています。
しかも長くつながる。一生をかけてつながる。そういう仕事なのですよ。
その意味を今、そして今後のために、深く考えていくべきだと思います。

HEAVENSという意味を考える

サロンにはそれぞれ名前があって、創業者の想いや出店時の思いの丈を表していることが多いと思います。僕は初対面の美容室オーナーさんとお話しするときに、「サロンの名前はなぜそうしたのですか?」という質問をよくします。

HEAVENSはといえば、ヘアサロンの名前にあまり使われていない、たくさんの人が意味を知っている、一度聞けば忘れない響き、できれば多くの歌の歌詞に出てくるような単語……、という想いで「HEAVEN」を選び、「S」は自分たちの固有名詞にするための「ス」で、「ヘブンス」という読みにしました。

お客さまとスタッフにとって、幸せを感じられる固有の場所という意味合い。最初、HEAVENSだと大げさな印象も持ちましたが、天国、幸せな場所といった意味も含めて気に入っています。

1993年の設立以来、HEAVENSという看板でさまざまな活動をしてきたし、スタッフもこの名前を背負ってきてくれました。おかげで美容業界ではそれなりに、ささやかながらもデザインサロンとしての存在感は出せていると自負しております。ズーッとデザイン志向のサロンづくりをしてきたし、育ったスタッフたちもそうだったはずです。

美容学校生に「HEAVENSさんはこれからどんなサロンでいたいですか?」とよく質問されることがあります。規模を大きくしていくのは簡単ではないけれど、ヘアデザインの世界で常に必要とされ、重要視される存在でいたいと答えています。

それと、よく「HEAVENSらしいですね」と言われますが、実は自分たちではよく分かっていません。その「らしい」とは、形というよりスタンスやマインドのような、HEAVENSの「色」みたいなものなのかなと捉えています。

これからもそんな存在を目指し続けていきたいです。

ミレニアル世代？　Z世代？

よく言われているジェネレーションですよね。

僕ら高齢の経営者の間でもよく話題になります（笑）。

「全然分からない」とか「伝わらない」といった話が多く、困った、大変だみたいに揶揄《やゆ》されがちな傾向があるのではないでしょうか？

ただ、ちょっと違う視点で考えると、僕ら自身も上の世代からはシラケ世代などと言われたものです。僕らの少し上、昭和20年代生まれは人口が多い団塊世代。学生運動が盛り上がったりした、とにかく熱い世代です。後々その世代のマインドが基準にされ、下の世代にあたる僕ら昭和30年代〜40年代生まれはどちらかというとあまり熱狂しない、何でも人ごとのようなシラッとした熱くならない世代と言われていたのです。

でも、さらに下の昭和50年代、平成生まれの人たちからしたら、シラケ世代と呼ばれた僕らでさえ、クソ熱い先輩たちというイメージが強いと思います(笑)。

世代間の相互認識なんて、昔っからそんな感じなのでしょう。

若者からすれば、大人は常に頭が硬く、混ざれないイメージ。

大人からすれば、若者はカッコつけててユルくて無気力で、冷めているイメージ。

この関係性はズーッと変わらず、順番に継承されているのです。ジェネレーションギャップは今に始まったことではなく、多分大昔からあったのだと思います。

どうしても大人はそれなりに経験値が高いので、何かしらの答えを持っていることが多く、その経験則から心配をして若者たちに忠告を繰り返す。

しかし若者たちは縛られない自由な発想と行動を基本軸にしているわけで、結果的に交わりにくくなるのです。

理解し合う可能性が無いとは絶対に思いません。

そして世代間の違いが浮き彫りになったときこそ時代が変わる、価値観が変わるタイミングなのでしょう。

間違いなく言えるのは、若い彼らがこれからの世の中をつくっていくということ。

そして僕らはそれを応援できるような心構えが必要であるということですね（笑）。

小松 敦が、皆さんからの質問に答えました②

似合わせを考えるとき、その人の何を一番に重視し、考えていますか？

一番となると、髪質。これもその人の個性であり、デザイン決定のプロセスにおいて最も重視しています。イメージ的なところだと、意外でしょうが、声質。声や話し方にはその人のムードが出るし、仕上がりの女性像を思い描くきっかけにもなる。ちなみによくある「タイプ別似合わせチャート」みたいなものは全く信じておりません。

技術力を高める秘訣とは？

上達する人というのは、自分の足りない技術に気付くことができる人です。自分が持っていないものにときめく気持ちを持てるかどうかが大事。人の技術を見る、目撃して感じることが秘訣になるんじゃないかと思います。

勉強会の在り方

美容師は技術の仕事。手仕事です。

下積み時代は毎日のように練習して、キャリアを積んでも何かしら学び続けることは必要です。

その学ぶ場である勉強会の在り方が変わろうとしている。

まずは働き方改革の影響です。

かつては長時間労働や低賃金でも美容師になりたいという人がたくさんいて、長い間美容師はそういうものだという風潮でした。

僕らの世代はそこに何の疑問も持ちませんでした。

ところが現在、そしてこれから美容師を目指す人たちはハッキリと変化しています。

今後はＳＤＧｓの影響もあるでしょう。

勉強会をいつ、どうやるか？　これが考えどころです。

営業時間を削ってでもやるのか？　それとも違うやり方を模索するのか？

HEAVENSでも社内での通信教育を企画しています。動画を使った教育です。

スタッフはいつでもどこでも動画を見て、イメージトレーニングができる。

新卒者で東京以外の人でも、入社前に技術の理論的な部分を学べる。

プロセスとマインドを脳裏に焼き付かせることができるのです。


大切なのは、自分たちのことは自分たちでもやるということ。

外部の教育動画も効率的に利用しつつ、自分たちの手で教材をつくる行為も大事。

こういうことも数年後にはスタンダードな取り組みになっているはずです。

またそうしたツールを自分たちのアドバンテージとして、ビジネスにつなげる人や組織もいったんは増えていくでしょう。

それもお互いが切磋琢磨して、日本の美容の価値を大いに上げていくことにつながっていけば良いのではないでしょうか。

働き方改革、美容師編

ここ20年ぐらい、僕ら経営者の中で議論されている案件です。待遇面や福利厚生など、ここ3年ぐらいは特に政府や社会が「働き方改革」という名の下に、労働時間や最低賃金などの規制や指導を強めています。

当然、我々美容業界にも改革の旗印を掲げ、変えていこう！という気運があります。社会的には当たり前な制度や待遇をないがしろにしてきたツケですね。

美容業も含めたサービス業全般は、一般的な企業・業種に比べ、取り組み出すのが遅かったり足りなかったりしていたのが現実です。その背景には、どうしてもサービス業は個人事業からスタートする商売が多いことも関係しているのでしょう。飲食店やマッサージ店、理容室も美容室と同様です。

最近ではチェーン化や法人化しているサロンもかなり増えていますが、まだまだ課題は多いように感じます。

HEAVENSは創設当初から社会保険などもやるべきこととして行ってきました。

時にはそうした面が美容学校生の就活時、優劣の判断基準にされる、という風潮もありましたね。本来であれば当然のことです。しかし地域や規模、将来性を考え、不安が残る事業所も多いのだとも思います。それでもこれからの業界的な進化のために、避けて通れない案件であることは間違いありません。

国民の収入増と税制、年金問題などがクリアされた上での料金アップ、単価アップが、待遇面での向上と、長く働ける美容業界づくりにつながるのです。

これから美容師を目指す人たちのためにも、経営者は決断すべきです。

もしかしたら、こうした気運もコロナ禍がもたらしたものなのかもしれません。

ロングライフ美容師

僕ら現役のおじさん美容師を、ロングライフな美容師、と言うのでしょうね？

僕ら世代の師匠や先輩たちは、次々とハサミを置いています。

正直、目標としていた存在でもあったので、少しショックではあります。

でも、いずれ自分にもそんな現実が訪れることをハッキリと理解しました。

美容師さんから「小松さんはいつまで現場で美容師をやるんですか？」と聞かれたり、お客さまに「いつまでも元気で現役を続けて、私の髪を切ってくださいね」などとうれしいような……そんなふうに言われたりする年齢になったわけですね。

僕自身は生涯現役でがんばる！と宣言したことはありません。
逆に経営者は早いタイミングでハサミを置くのが普通だと、僕を含め、同世代の美容師仲間はみんなそう思っていたはずです。

ところが自分を必要としてくれるお客さまが多くいてくださり、ハサミを置く理由が無い。またさまざまなシーンでデザインすることを求められ、それを続けて今に至る、という感じなのです。

その秘訣や、どうしたら美容師を続けられるか？という質問に答えるならば……。
健康であること、清潔感を失わないこと、そして新しいものが好きであること。
この３つは絶対に必要です。

そして新しい価値観に敏感で、ファッションが好きで、夢中になっているもの・ことが常にある。これが僕にとって素敵なロングライフ美容師のイメージであり、秘訣と言えるかもしれません。

美容室の終身雇用

実は、僕は前の職場でズーッと働いていたいと思っていた口です。

何しろサロンワーク以外でもやることがたくさんあり、充実していたので。その時点ではあまり先のことを考えていなかったのでしょうね。年齢もまだ30代前半でしたし、会社も成長中で、僕自身も役割の幅を広げられている実感がありました。

その中での活動にやりがいを感じ、もっと可能性を広げられると信じていたのです。それでもいずれは後輩たちに活躍の場を渡していくのも使命でした。

１９９３年に独立して、まあ何とかここまでやってこられました。

長く勤めてくれているスタッフもたくさんいます。

それぞれの役割についても一緒に考えながらやってきました。それは個々の能力を見いだし、ハマるような役割ならば、勤め続けてもらえるのではと考えてのこと。ただ長く働いてもらうだけでは難しかったと思います。

今は大企業でも普通に早期退職希望者を募る時代。

今までの美容業界だと、能力のある現場の幹部美容師には支店を任せたり、ＦＣ店などで支援する形もありました。しかしこれからは、他の事業や従来と異なるサロンブランディングにもチャレンジしていくべきではないかと考えています。

働き方改革の名の下に、待遇や休暇の取り方など、多岐に渡る変化が押し寄せ、求められています。今後、幅広い能力を持つ美容師には、いろいろな働き方を実践したり、才能を生かして兼業したりする事例なども増えていくでしょう。そういった変化を先読みしつつ、できることから着手していく必要性を強く感じています。

つまりマネジメントがより重視される時代になるということです。

もちろんお互いに想いを共有し、共感し合ってこそ成り立つことではあります。
ただ長い付き合いだから、というだけでは成り立っていきません。
どんな能力でも良いから成長し続けることがマストです。

自分としては、誰か僕の能力を引き出しマネジメントしてくれる人がいたら、大いにお願いしたいのですが(笑)。

ただやみくもにサロンの数が増えることよりも、どう個人をマネジメントできるか?
これも美容業界が抱える、未来に向けた大きな課題の1つです。

美容師は実は勤勉です

週休二日という働き方がやっと身体の中のペースになじんできました。多分コロナ禍でなかったらこういった感覚にはならなかったでしょう。

思い返してみると、僕はかれこれ30年以上も美容業界内での外部活動をサロンワークと並行して行ってきました。

美容師さんの休みの過ごし方の代表格は、講習会やセミナーと呼ばれる場に足を運び、勉強することです。

とは言っても全ての美容師さんが休日にそう過ごしているわけではありません。

どうでしょうか？

以前は、おそらく全体の半分ぐらいの美容師さんが、年に一度はそういったイベントに参加していたと思います。

コンテストや技術セミナー、最近ではビジネス的、コンサルティング的な講習も多いようです。

僕が講師となるセミナーは、カット技術をお見せして、リアルなヘアデザインのトレンドやセンス、発想を感じていただくといった内容がほとんどです。

講師をしている美容師さんはたくさんいます。

日曜の夜や月曜早朝の羽田空港、品川駅、東京駅で、そうした美容師の方々によく出会っていました。つまり多くの講習会が日本各地で開催され、それが日本の美容のレベルを上げてきた原動力の１つになっていたのだと思います。

勤勉だと言われる日本人の性質は、美容業界でも生きています。

中にはロンドンやパリ、ニューヨークに渡って勉強してきた方もいます。そして海外で学んだ技術と理論に自身の解釈を加え、同業者向けのアカデミーを主催している方もいらっしゃいます。

そうした場で勉強した美容師さんたちは、そこで得た技術を自身のサロンで生かし、売上につなげていきます。この、同業者に対して自分の習得した技術と理論を余すことなくお披露目し、伝えている事実がこの業界のすごさ。

以前、某学者の方が、美容の業界は互いの技術的な優位性を共有する、特異な世界であると表現していたことがあります。

普通、多くの企業は同じ業界や業種であれば、自分たちのアドバンテージはトップシークレット。ところが美容業界では全く気にしません。惜しみなく教え、伝え、全体のレベルをどんどん上げてきたのです。

どうしてでしょうね？　これも敗戦国ならでの感情でしょうか？

僕はそういった、傷みを分かち合う価値観も影響しているのではないかと考えます。

つらい思いを経験し共有してきたからこそ隔たりなく分け与える、共に豊かになっていこうという想いや願いがあるような気がします。

そうではなくなっている部分も多々ありますが、それが日本人の良い部分として残っていってほしいし、美容師としてもそうありたいです。

ネガティブの何が悪い！

考え方の前提は、ポジティブな思考がベストだし、印象も良いとは思います。
僕もサロンもそういうスタンスでズーッとやってきました。

ただ、僕個人の思考には、ネガティブな部分も多々あります。
否定的な、というのとはちょっと違う。

慎重で疑り深い。

日本人や東北人の根底には、そういった根っこの暗さみたいなものがあるような気がします。それは決して闇ではなく、何というか……そう、懐疑心でしょうか？

その特性は悪くない。
ぜんぜん悪くないです。
大事な感覚のようにも最近は感じます。

トレンドの価値

ヘアスタイルの紹介コメントなどで、多くの美容師さんは「この春のトレンドを意識しました」「トレンドのカラーは〇〇ベージュ！」など、どうしても聞こえの良いフレーズとして「トレンド」を使いがちです。

トレンドを直訳すれば、「流行っていること・もの」ですが、本来はさまざまな動向や傾向という、すでに流行している事象の一歩手前の状態も意味します。

つまり「流行っている！」ものは、すでに終わりに近づいているのです。

傾向や動向を察知する力は大切です。

そのために情報収集するとか、分析するとか、お勉強的な研究も必要でしょう。

が、しかし。

流れを感じるってことだよね？と思う。

だからスマホで検索したり、ＳＮＳに上がっている情報の単なるリサーチだけでなく、実際に街に出ることも大切ではないでしょうか。

目撃することです。


コロナ禍では、外出などもなかなか思うようにできない状況かもしれませんが、間違いなくトレンドは動いています。そして、それはストリートにあるものです。

僕の中でのトレンドの判断基準は、日曜日の原宿で見かける高校生たちの多くで流行っているものを見かけたら、ソレはすでにトレンドが終了したものとしています。

あしからず。

デザイン志向サロン

志向の文字は、思考、指向、嗜好でもよいかもしれません。
ここでは何となく志が向いているという意味で志向を当てています。
デザイン志向。これが僕らのキモの1つだと思っています。
やんわりとオブラートに包まれているようで、一般の方々も気付いていると思います
が、美容室はいくつかのタイプに分類されます。

流行りに媚《こ》びない独自のヘアデザインを売るサロン。
トレンドの女性らしいヘアスタイルを売るサロン。
ニーズのあるヘアスタイルやヘアケアなどを売るサロン。
技術や理論に長けた完成度の高いヘアを生み出すサロン。

さらにはヘアカラーやストレートパーマなどに特化しているサロンなど、美容室にはいろいろあります。

これらは規模やスタッフ数に関係なく、強みを持っているサロンです。


逆にそれ以外のサロンや美容師さんは、何が得意で特徴なのか、一般の方から見ても分かりません。表現されていないのです。

今ではポータルサイトやSNSなどを活用すれば、自身の志向を自由に表現できるはずなのですが……。

どこか右にならえな感じで、どこも同じような印象を受けてしまうことがあります。

流行ればいい的な。


ヘアデザインは好きも嫌いも人それぞれです。

だからこそやる価値と可能性があると思います。

ヘアデザインは、求めても歩んでも終わりがありません。ワクワクが止まらない。

それが充実感と活力になり、美容師を長く続ける魅力の1つとなるのです。

第三章　気付きと疑問の再考

アクティブの必要性

コロナ禍で動けない。三密を控えよという都や政府からのお達しもあり、何かと動きにくくなるという経験を余儀なくされた我々国民。

それは耐えるべきことだから仕方ありません。マスク着用も必須です。

そうした中で、僕は大好きな美術館に行くことにしました。

ぶっちゃけコロナ禍の前までは、外部活動のためにプライベートの時間をつくりにくく、それを理由にあまり写真展とか美術展に足を運べていなかったのです。

東京にも素晴らしい美術館がたくさんあります。

渋谷原宿界隈では、恵比寿の東京都写真美術館、渋谷の東急文化村、乃木坂の国立新美術館、六本木の森美術館などなど。ギャラリーもたくさんあります。

センスを磨くために美術館に行きなさいとよく言われます。果たして僕ら美容師のセンス向上にどれだけためになるのかは分かりませんが。

それでも何かを感じに行く、そのために動くことが大切なのだと思います。

行動する能力は鍛えた方が良い。

その能力を持っていれば、いろいろなことや人に出会えるはず。

じっとして考えるより、まずは動く。それを基本にする。

そんなふうに動く自分が好きだったり、写真や絵画を見て、フワーっと感じるあの高揚感が好きです。行動しにくい時期に、体と脳をアクティブな状態にする気持ち良さは、深く考え込むこと以上に必要な気がします。

おすすめです。

掃除の価値観

掃除っていろいろなことを感じますよね。
スタッフには、掃除とはお客さまやお店への愛情の表し方だと伝えています。
平和で品行方正な表現でした。

このコロナ禍で、さらに重要度が上がったサロンの掃除のクオリティ。
もはやただやれば良いというステージではない！

小姑のようにいちいちチェックを入れるのは、上に立つ者にとっても嫌なものです。
でもコレは譲れないという姿勢は、とても大事だと言っていい。
それによっては失客する恐れだってある！

サロンの掃除はスタッフと価値観を共有する上で、最も重要な仕事の1つとも考えています。僕自身はO型で大雑把な性格ですが、こと仕事に入るときは几帳面のスイッチを押しています。掃除にも同じスタンスが必要でしょう。

掃除をすることは当たり前の準備であり、単純なルーティンになりがちです。
特に朝の掃除はこれからお客さまをお迎えする上での最終準備。
つまりそこにもサロンやスタッフの品格と感性が問われるのです。

長く美容師として生き続けていくためにも、サロンの皆が同じ価値観で仕事をできるようになってもらうためにも、スタッフ教育の一環として、掃除に対するこだわりは絶対に譲れませんが、何か？（笑）

美容師バーベキュー論争

論争と言っても僕一人の中での論争です。

最近はコロナ禍のせいもあり、ＳＮＳで同じサロンのスタッフ同士でバーベキューを楽しんでいるような画像を目にすることは無くなりました。食事の衛生面や、人が集まることへの懸念が払拭されるのは、実際まだまだ難しいのかもしれません。

アウトドアだからいいのでは？という見方もあります。

もちろんやりたい方々は必要な事柄をしっかり守った上でやっていただきたい。その辺りのことに専門的な知識がないので、僕がどうこう言うつもりはありません。問題はそこではなく、ＳＮＳにアップする意味ですね。

バーベキューをやるとしたら、基本的にはサロンが休みの日になるわけですよ。少ない休みの中で、その予定を立てて詳細を企画し、運営する係も必要です。企画する人は本当に熱量にあふれ、スタッフみんなの楽しそうな笑顔を楽しみにしているはず。そうすると、ついつい楽しさの共有を強要してしまうのでしょう。

美味しいこと、楽しいこと、みんな一緒でうれしいこと。集合写真におさまるみんなの笑顔は、なぜか1人ぐらいは半目になっているけれど、撮った以上はSNSに上げなきゃいけない。バーベキューが先か、SNSが先なのか。

スタッフ同士の仲が良さそうな画像は、見ていてほっこりもします。
ただしその裏で、休日に勉強している、勉強したい美容師もいるのです。
遊びと学び、両方のバランスをうまくコントロールできることが素敵だと思います。

いつかまた、「みんなでバーベキュー！」を楽しめる社会になるといいですね。

マウントを取る？

人より優位に立つことや、その上でイキがる感じを意味する言葉のようです。
便利なワードとして使われているみたいですね。
こんな言葉が生まれるくらいだから、そういう人が多いのでしょう。
優位性を誇らしげにアピールするというのはいかがなものかと……。

最近の風潮はどうもいけません。
例えば取り締まりが厳しくなっているはずなのに、一向になくならないあおり運転。
ＳＮＳやネットでの理由なき継続的な誹謗中傷…etc.

現代の日本はどうかしてしまったのでしょうか？

民度が下がっていないか？
人のことを言えた柄ではないけれど、どこか品がない……。

勝ち誇ったり、敗者を見下したり、駄目押ししたり。
何かの見過ぎ？　漫画や映画やゲームにハマり過ぎなのか？
現実社会では謙虚に生きなければならないから、その反動？

自分を大きく見せようという作戦なのかもしれません。
しかし残念ながら、大きくは見えないものです。
逆に小さく見えます。

自然体でいて、大きく感じられるように生きれば良いのです。

逆説がツボで、真義だったりする

世の中のイメージだと「ネガティブ」はＮＧ的で嫌なイメージを指しますよね。僕としては、そうした捉え方はある意味保守的なスタンスでもあると感じます。

科学者の論文や提言は、世の中の価値観に物申す、一見ネガティブなものだったりするのではないでしょうか。また歴史に名を残した人物の多くは、保守へのアンチな立ち位置だったことも多い。つまりその時代の改革派であり革新派だったわけです。

アナーキーでパンクな理論が後々ポピュラーになっていくこともあるのです。みんなが圧倒的に同じ方向を向き、同じ風を浴びているのであれば、逆風・逆説は絶好のチャンスでもあります。

最初は否定と混乱を生むし、敵も大勢つくるでしょう。

でもそれが真義であれば、世の中が動く。自然に動く。
もちろんしっかりと深く想像力を働かせる必要はあります。
新しい価値観が生まれる瞬間は、保守的な批判を乗り越え、勇気を持って動き出す人が現れたときだと思います。

ＳＮＳ時代の今、そこで活躍するのはアンチなスタンスの人も多い気がします。
大衆の思考の逆には価値があったりするし、本当のことだったりもする。

みんな薄々感じている、実は気付いているけどあえて言わないだけのことって結構あるんですよ。あえてそこを突く。

だからインパクトが生まれ、説得力を帯びることもあるのだと思います。

クオリティの高さを維持できてこそプロ

これと似たようなフレーズを、何度かテレビ番組などで見聞きした気がします。
プロスポーツ選手にも当てはまるし、ものをつくる職人にもハマる。

大げさな印象もありますが、本当にそうだと思う。

仕事ができる人は多くいます。続けている人もたくさんいます。
だけどクオリティの高い仕事を高い確率で実践し、それを維持し続け、安定させられる人はわずかではないでしょうか。

手仕事である美容師も、常にそのクオリティを問われます。

お客さまの感じ方はもちろん、自分自身での分析や、反省するという面においても。

そもそもプロの仕事とは、グッドで普通。

まあまあなんて言われたくないものですよ。

皆さん、絶賛される仕事を目指しているわけですから。

確率を高めるには、常に1ミリでも向上していることが必要です。

そのためにも動くことが大切で、とにかく手を動かし続けるのが大事。

結局は、仕事量を維持していくことが、クオリティの維持につながるのです。

カラーリングの現在地

ヘアカラーはデザインやメニューが進化し、ある程度満たされた感があります。しかし地域やサロンの意識において、かなりの差があるのも事実です。ハイライトやダブルカラーなど、今なおヘアカラーはブルーオーシャン的なメニューとも言えるでしょう。ただしそれは流行りです。つまり過去形です。

現時点で提案できるデザインバリエーションと、お客さまからのニーズが、今後の展開に反映されていきます。つまりニーズが少ない、バリエーションが狭いと、スキルが積み上がっていきません。これでは将来がつくれない、見越せないということ。たとえ自店でのヘアカラーニーズが低調だったとしても、デザインを知り、技術的にできることを増やしておかないと危ないと言えるでしょう。

ネット上にはヘアカラーに関するセミナーや教育動画がたくさんあります。そこから情報を集めてもいいし、美容専門誌やリアルな講習会、カラーに特化した団体で仲間と勉強するといった活動もおすすめします。学びの場は、たくさんあるはずです。

新鮮な情報には常に敏感でいましょう。

ヘアカラーの今後の課題は、継続して美しいカラーを施術できるようにする、ケミカル的な知識と技術だと考えています。色持ちの良いカラー、色落ちしても美しいカラー、継続的なオーダーやカラーチェンジの可能なコンディションに髪をコントロールする力などがますます大切になっていくはずです。

そして、その先にはパーマとの融合という可能性も広がります。

提案できるヘアカラーデザインの幅をパーマで広げる、またはパーマができるカラーリングの設計など、ヘアカラー文化の発展には、髪のプロとしての美容師の知識と技術、そして高い経験値が必要になるのです。

HEAVENSでは、ケミカル面でのスキルアップを図り、ヘアケアマイスターの受験をスタッフに推奨しています。

過去に受験した経験をお持ちの方もいると思いますが、教科書の厚さがかつての倍になっています。それだけ美容師に必要なケミカルの知識や理論が増え、進化しているのです。古い知識だけでは未来に対応できません。

カラーリングには最新のケミカル的な知識力、経験と情報のリサーチ力、そしてセンスが問われます。

学ぶことはまだまだ、もっとあります。

そしてそれは、日々増え続けています。

探究心を衰えさせてはいけません。絶対に。

ヘアデザイン作品のキモ

シンプル・スタンダード7割、ユニーク2割、ユーモア1割の法則。

僕が勝手に考えた法則です。
あとは皆さんそれぞれ個々にご判断ください。

ここで言っているのは、いわゆるヘアデザインの作品写真における重要事項です。

普段のサロンヘアや、リアルなトレンドヘアのそれとは別の話です。

ＪＨＡに思うこと

２０２１年をもってＪＨＡ（Japan Hairdressing Awards）の審査員を退任しました。基本的に60歳での退任が公式に決まっていますが、２年ごとの人事ということで、少し延長されていたのです。というわけで退任は急なお話ではなく、僕が辞任・辞退したのでもありません（笑）。

僕は５年ほど審査員をさせていただいたと思いますが、なぜかもっと長くやっていたような気もします。

いずれにせよ、ＪＨＡにはいろいろな思い出や想いがあります。

僕自身が初めてノミネートされたのは、HEAVENSをオープンして2年目ぐらいの頃。25年以上前です。

初めてだったので新人賞部門かと思いましたが、いきなりの大賞部門でした。当時は投稿部門が無く、一年の一定期間中に美容業界誌からの依頼で撮影、掲載された作品の点数によって新人賞部門か大賞部門かに振り分けられていました。

僕は「HEAVENS・小松 敦」として美容業界誌に初めて登場したその年に、なぜかいきなり撮影依頼が増え、作品点数が多かったのです。

振り返ってみると新人賞は獲りたかったたですね〜。一度きりですから……。

表彰式当日は、名だたる著名へアデザイナーがそろい、その中に自分がいることに違和感を感じながら、一緒に壇上に並んだ皆さんからの「誰こいつ？」的な視線を浴びておりました（汗）。

初めて賞をいただいたのは、１９９９年のロンドン審査員賞です。

もともとＪＨＡは、イギリスで開催されていたＢＨＡ（British Hairdressing Awards）に影響されて発足したコンテストで、当時はそのイギリスの超有名ヘアデザイナーが審査してくれる特別賞がありました。俗に裏グランプリなどとも呼ばれた、海外にも名が知られるような名誉ある賞でした。そのロンドン審査員賞を受賞したのです。うれしかったですよ。何のバックボーンもない一美容師が作品の意義だけで評価され、美容師としての可能性を広げていただき、大きな自信にもつながりました。

そして翌２０００年には準グランプリを受賞しました。まあ二番ですから言ってみれば満足ではないのですが、前年を含め、自分が好きで、自信を持って良しとした作品を認めてもらえたことがとてもうれしかったですね。

それから15年以上がたち、審査員のオファーをいただいたわけです。自分はまだまだ表現者だし、何だか引退するような気分になってモヤモヤした感覚がありました。

それでも誰もが受けられる役割ではないし、今後現れるであろう才能の持ち主のためにもお引き受けした次第です。オファーをいただいた当初のモヤモヤは、頭の中で、日本のコンテストの基準を変えていきたいという情熱に変わってもいったのです。

僕が作品を評価する上で基準にしているのは、モデルの個性を生かしていること、リアルなカットデザイン、シンプルで潔い作風、時代やトレンドに媚びないヘアデザインや女性像であることなどです。

模倣するのはよろしくない。

最初は仕方ありませんが、評価されることを目的に、過去の受賞作に寄せていくスタンスは好みません。是非ともご自身のオリジナリティを追求していただきたい。

自分だからできる表現を見つけてほしい。これからも独自の表現を志向する、素敵な美容師さんがたくさん現れることを期待しています。

作品の強度

フォトコンテストなどで、エントリー者から作品に対するコメントを求められたとき、または総評でデザインのお話をさせていただくときによく使うワードです。

ヘアデザインに関しては、解説や評価などを言葉にしたり、表現したりするのが非常に困難な局面が多々あります。

特にヘアデザインについては、こうだから良いとかこれがベストだとか、何を背景・ベースにするかで、語るべき内容がかなり変わってくるのです。

好きか嫌いかみたいに大雑把な論調もありますが、できることなら僕はもう少し感情を込めたい。

作品をつくる方やチームの熱量が、作品にも反映されると信じています。
その人、その人たちの持っているカルチャーが、全てを表すのです。

好きな世界観にとことんこだわった空気感。
手を抜かず、全力でつくり切った世界観。
仲良しなチームというだけでなく、こだわり故にもめた時間。
お金も時間も全て使って疲労困憊《こんぱい》な眼。
ダサさギリギリ、似合わせギリギリ、寸止めの境地。
力いっぱい振る、振り切る、ブレイクスルー……。

強い。
ほとばしる情熱を感じる作品。

そんな、強度が表れている作品が好きです。

写真とカメラのススメ

写真を見るのは好きだがカメラで撮らない人がいる。
カメラは好きだが写真を撮らない人もいる。

しかし今はそんなことはどうでもいいくらい、スマホのカメラで写真を撮って保存したり、Instagramにアップしたりするのが当たり前の生活。

スマホでSNSをやっていれば、毎日何らかの画像を見ています。
つまり写真は今や生活の中で最も身近な表現方法なのである。

信じられないかもしれませんが、最初の東京オリンピック開催当時（１９６４年）、写真を撮れる人はごく少数で、とてもお金持ちな人に限られていたようです。

それだけカメラが高額だったのです。

だから僕の子どもの頃の写真は数枚しかありません。

父の職場の上の方が撮ってくれたものが少しあるだけです。


話がそれましたが、今は写真を撮ったり画像を見たりすることは、全く特別な行為ではなく、ごくごく日常的なことですよね。

そこで提案です。


写真を撮るときは、カメラを使ってみてはいかがでしょうか？

スマホのカメラもかなり性能が良くなりました。

実際、Leicaのスマホも登場しています。

（これには僕もひと言ありますが、それは置いといて）

カメラを構えて写真を撮ろうとすると、被写体に向き合うメンタルが、スマホのそれとは変わります。カメラを向けられる人の意識も全然違います。

それは風景を撮るにしても同じこと。


レンズは望遠で切り取るか？広角で全体をか？露出は明るく？少し暗めで重め？

ホワイトバランスで出す色みはどんな感じが好きか？

特にマニュアルで、自由に設定して自分の想像力を働かせながら撮ろうとすると、クリエイティブな感性が立ち上がります。


僕は趣味としても仕事においても、生活や生き方に写真とカメラが必要です。

美容師だからこそ、カメラを持って写真を撮ることに意味があると思うのです。


おすすめします。

まだ
知らない
原宿へ。
誰もが新たな爆発を求めている。
予測不能なこの街で。
どんな個性も歓迎し、
数々のムーブメントを生ん
これからもセンセーショ
あり続けるために。
2023年
新た

オシャレは田舎者が上？

誤解の無いように。

決して都会育ちの方がダサいと言いたいわけではありませんので……。

田舎に比べれば、育った環境に不便や不満が少ないだろうという仮定でのお話。

僕は東北・山形県の日本海側、庄内地方の片田舎で育ちました。

かなりの劣等感とコンプレックスを抱いていました。

何というか……可能性ですかね。

ココにズーッといたら、自分の可能性がどんどんなくなっていくのではないかと、常に強いコンプレックスを感じていたのです。

今思えば、身勝手な若者の独りよがりな思い込みなのですが。

僕の場合、そのコンプレックスが美容師という職業の選択につながります。


田舎者は真面目にがんばります。戻れませんから。覚悟して出てきましたから。

東京でひと花咲かせるためになら、ダサくて泥臭い努力だって惜しみません。

デザインすることへの憧れも半端なかったです。

もしも自分が世の中の流行や価値観を動かせたら……夢のようじゃないですか。


コンテストで受賞する、雑誌に出る、表参道を歩く。

オシャレかどうかとは少し違うかもしれないけれど、そういったことを含め、心のどこかでちょっとでも目立つ生き方ができたら幸せだなと考えていました。

田舎者故か、とにかく向上心だけはありました。


都会育ちの人たちには当たり前の景色でも、田舎者にとってはそうじゃない。

こっそりと、さらに上の方を見続けている。

そんな人は僕だけじゃないと思います。きっと。

なぜLeicaなのか

この書籍にLeicaのことなど書いてどうなんだ?という思いもあります(笑)。

説明すると長くなりそうで、ずっと避けてきましたが、美容師に有用な思考や時代性にも関係しそうなので、今語っておいた方が良さそうです。

Leicaやカメラに興味がない方も、ちょっと我慢してお付き合いください。

ある意味満たされた現代。求める情報がまあまあ簡単に手に入るようになりました。欲しいものは簡単に手に入るし、いろいろ体現しやすい世の中に変わってきました。

その中で唯一なかなか手に入らないのがエモーショナルなコトとモノ。

俗に言うエモいってヤツ。

これもまた説明しにくいのですが、ワクワクやドキドキ、ハッとする感覚とでも言いましょうか。美しいものを目にしたとき、新しいことに気付いたとき、うれしさや儚《はかな》さを感じたとき…etc.

普段の生活の中でそこまで気に留めることはないけれど、その瞬間が訪れると湧き出る高揚感とでも申しましょうか。

どこか恋愛感覚に似ているのかも。憧れや憂いといったどうにも抑えられない感情。エモーショナルなコトやモノは、生き方やライフスタイルなどの思考にまで影響する要素でもあると感じます。

もう少し具体的に例えると、懐かしさを感じるモノに抱く何とも言えない憧れのような感覚。古着が好き、レコードが好き、ビンテージ品が好き、古民家が好き、昭和が好きなど、ノスタルジーを求める衝動、または限定品やコラボ品といった自己満足に近い嗜好など、他人には理解してもらいにくい感覚。ある意味優越感に近いものかもしれません。

Leicaは誕生から100年ぐらいたつメーカーで、その当時のレンズやボディは今でも通用するシステムだと言われています。

もちろん現行の機種は最新で現代的な仕様になっていますが、代表的機種・M型は、見た目も60年以上ほぼ変わっておらず、レトロなカッコ良さがあります。

クラシックカーに最新のエンジンとテクノロジーを搭載しているようなもの。

古いスタンダードなルックスに、最新のデジタル機能を搭載したカメラ。

それがLeicaなのです。

Leica本社はドイツのヴェッツラーにあり、ボディとレンズは全てその場所で、在籍している職人の手づくり。

それ故なかなか高額な代物です。

いろいろな意味で、余程な人しか購入しないでしょう。

M型の操作はマニュアルのみ、が多いです。
自分でいろいろ設定する必要があり、ピント合わせも手動。面倒です。

写真をじっくり撮るのが好き。
機械を扱うのが好き。
スローな時間を過ごしたい。
こだわりを感じるモノ、人と違うモノを所有したい。

そんな変態な人向きのカメラがLeicaなのです。

こうした嗜好は美容師にとって大切な、デザインや技術における向上心、好奇心にも相通ずる。僕は勝手にそう考えています。

お付き合いいただき、ありがとうございました。

続けてきた外部仕事の話

前の職場時代を含めると、35年以上はヘアショー、セミナー、業界誌ヘア作品撮影、コンテスト審査員、業界メーカーのアドバイザーなど、多くの外部活動を続けてきました。ありがたいことですが、もちろんその分休日は少なかったです。本当に休みが少なく、いろいろなことを犠牲にしてきたのかもしれません。

初めのうちは、普段とは違う世界を体験できることに興味が湧き、講習を受ける側だった自分が教える側になったことへの単純な高揚感もありました。

講師のオファーを意図的に、継続的にいただき続ける方法は無いと思います。

継続的なオファーの理由を深く考えたこともありません。

外部活動を長く続けてこられたのは、各方面の皆さんのおかげです。

そして、その全ては人と出会うことから始まります。

かなり当たり前のことですが、意外とそこに気付いていない人も多い。言ってみれば、この本も出版社や編集者との出会いがきっかけです。そうした方々との出会いがなければ、この本も存在していません。多くの人に僕を知っていただき、理解していただけたことが、チャンスやきっかけにつながっています。

当然ながら、外部活動の依頼をいただくほどに、それに応えたいという想いが自然と湧いてきます。その上で継続させることに価値があると思います。

初めてカットスクール講師の依頼をいただいたときは、会場にヘア作品の写真を大きなパネルにして何枚も貼り出したり、自分が教わり習得してきたことをそのまま教えるのではなく、オリジナリティにこだわった内容に変え、伝えていきました。人があまりやらないことや、普通は考えないことを形にするのは楽しいものです。その感覚に、生きがいに似た多幸感を得ていました。

自分自身が何かしら進化し続けていなければ、ニーズにはつながりません。

よく、日々成長と簡単に言われますが、無頓着では成長できるはずもない。それでも無意識に進化できるシステムを組むことができれば、自然と進んでいけるものです。

僕の中で、進化させる方法の1つが、スタッフを巻き込み成長させるというもの。これには人選のセンスと僕の辛抱が必要です(笑)。選抜されたスタッフは、周囲からの羨望や期待を背負います。プレッシャーです。サロンの中でも成長し、活躍しなければいけない。また普段の仕事の姿勢や結果の他に、外部仕事のための時間も必要になるため、ある意味自分で自分を追い込む姿勢が求められるかもしれません。

大げさなようですが、それに尽きるのです。モデルさんの準備やスケジュール調整、もろもろの用意、管理スキルの向上。それ以外に自分の練習も必要です。相当な覚悟とエネルギーが求められます。だから太く成長でき、頼れる存在になれるのです。

僕自身も似た経験をしてきたので、スタッフにはこの巻き込み型で経験を積んでもらい、成長を促しています。そして、彼らの進化が僕やサロンの成長につながっているのです。

外部の仕事を進化させるもう1つの要因は、実は僕が相当な飽き性だということ。全てにおいて飽きっぽいわけではありません、念のため（笑）。


特に外部の仕事に関してその傾向が強く、常に新しいことをしたい！　他と違うことをしたい！　とにかくセンス良くやりたい！といった感情ですね。

変化と新しさが大好物で、すぐに飽きます。飽きた！と思いたいのかもしれません。

安定を求めず、1つ結果が出たら次に行こう！というスタンスでやってきました。

それ故にスタッフをはじめ、ご迷惑をお掛けした方もたくさんいたでしょう……。


これからの時代、全く新しいことを築き上げるのは難しいかもしれません。

それでも新鮮で斬新な感覚を磨き続けるのは、変わらず大切だと思います。

リアルな講習会の必要性

読者の皆さんは、今まで講習会にどのくらい参加したことがありますか？一度や二度はあると思いますが、このコロナ禍で、開催自体が不可能になったエリアや環境に置かれた方々もいらっしゃったでしょう。

その代わりに、ネットや各種アプリを活用し、開催されている動画セミナーが増えましたね。中にはＶＲ技術を使い、講師の手元をあたかも自分の目線で見られるようなものまであります。すごい時代になったものです。

こうした動きに対し、いろいろな考えやご意見もあるでしょうが、時代のニーズ、時流の変わり目とはそういうものです。

新しい形式は、新しい価値観が突き動かすもの。そうじゃないと変わらないです。そして、そこにははっきりとしたユーザー側のメリットと、出演側、制作運営側の意欲と努力がないと成り立ちません。

ネットを媒体にした美容の技術動画の良いところは、いつでもどこでもどんなエリアでも視聴できること。そして著名な講師の手元をしっかりと見られる点も魅力だと思います。講師たちもこうした活動にこぞって取り組んでいます。

やはり便利だし、これからも見たいという美容師のニーズがある限り、この流れは続いていくのでしょう。

その上で考える、リアルに開催される会場型講習会のメリットは、その場に参加した人たちしか見られない希少性や独自性、ライブだからこそ生じる講師の突発的なひらめきを目撃できるといった点にあります。

講師やスタッフに直接的な質問もしやすく、双方向のコミュニケーションが成立します。この、人と人という部分が大きな魅力です。

以前から、同じ講師のセミナーに何度も通う方々がいます。飽きることはないのか、その理由を尋ねると「何度でも見たい、関わりたい」という答えが返ってきました。やはり人の魅力なのです。

これからの講習会やセミナーなどのイベントの在り方は、目的に応じてやり方や内容がどんどん変わっていくのでしょうね。しばらくは動画セミナーが主体になるのかもしれません。しかしいずれ、リアルな講習会の意義が再認識され、必要とされる時期が必ず来ます。

そのときは、皆さんもぜひご参加ください。ライブもいいですよ。

リアルじゃないと、伝えきれないこともあるのです。

Face to Faceじゃないと、理解しきれないこともあります。

小松　敦が、皆さんからの質問に答えました③

若い世代とどうコミュニケーションを取ればいいでしょうか？

彼らの価値観を知ることが大事です。ファッションや音楽、切り口はたくさんありますし、そこから共通する感覚が見いだせるはず。年上世代への気遣いもあるでしょうから、先輩からどんどん話を振った方が良いと思います。あとは自身の見た目の清潔感。ファッションも大切。まずはこちらが認められないと、興味を持ってもらえません。

若い世代に願うことや、アドバイスがあればお願いします。

2〜3年ぐらいで人のタイプが変わるので、「若い」と一括りで考えるのは難しいです。ただ1つ言えるのは、ありきたりですが「諦めるな！」「続けてみて！」です。美容師には、続けることで感じられる楽しさがありますからね。それと若い時期にしかできないこと、こだわれないことがあります。特別ではなく、日常的な仕事の目標でも良い。結果を恐れず背伸びし、何かに挑戦してみてほしいです。

品行方正

前作『似合う髪 美しい髪 新しい髪』を書いてから4年がたちました。
執筆当時は平和な時代でした。
コロナの脅威も無いし、普通に仕事をし、楽しんで生活していました。
今読み返してみると、当時の空気感はとても品行方正です。
理想や定義付け、正論などが理路整然と並んでいます。
当時感じたことを、自然体で主張している。
前提が"何も問題ない"世の中だったせいでしょうか。
今読むと、どこかフラットというか、優等生な印象を受けます。
もちろん意味のあること、大切なことではあるのですが。

最近、ＳＤＧｓの影響もあってか、テレビを始め、多くのメディアは波風を立てずに表現することを優先している気がします。キャスティングにしても、セリフから写真、映像に至るまで、何重にもチェックしているのでしょう。
どんな角度から見ても品行方正な仕上がりでないと公開・放映ができないと。
アクの強い個性的な俳優や、ヤバイ表現なんかは使われにくくなっているような。
だから有料ネットチャンネルの方がエグく、自由につくりやすいのかも。

刺激を求めるのは難しい時代なのでしょうか？

今のご時世で当然とされる価値観には、逆に刺激を与えるべきだと考えてしまう。
こんな時はアートや音楽、ヘアスタイルで楽しんだ方が良い。

美容師はチャンスです。

普通をやめろ！

第四章　導き出される答え

コロナがもたらしたものとは？

これは立ち位置によって捉え方が全然違ってくるのでしょうが、あえて書く。

ＳＤＧｓは今、そしてこれから最も重要な関心ごとであると、地球に住む人間として思います。

しかし、あえて言うなら国家や個人や企業によって、その解釈や取るべき行動はそれぞれであるべきだと考えます。

17の項目に関しては、皆さんご自身で必ずお調べください。

そういった「自分で調べてみる」という小さな行動が、ＳＤＧｓにつながっていくのだとも思います。

環境問題や差別などの現実に関心を持つことから活動は始まるとも言えるでしょう。

僕個人の中でも葛藤する場面があります。


経営者である自分は、時代に即して合理的な選択をし、決断しなければいけない。

例えばサロンの営業で必要とする1つの製品を仕入れるにしても、当然のように仕入れ値などは大きな判断基準となる。

安いことが全てとは思っていません。感覚的にはむしろ逆の認識を持っています。


安いのには訳がある。

安くできる理由は「無理を強いる」ということにもつながるでしょう。

つまり誰かが我慢しているということ。

それは製造者なのか？　中間業者なのか？　購入する我々？

絶対にダメなのは、自分たちのお客さまに無理や不都合・不利益を生じさせること。

これは最悪です。

まずは知ることです。
その上で、現実を積み上げていくしかないのです。

今後重要になるのは、地球環境や生物への配慮などでしょう。確かにそうです。
そうした考え方と経済をどうやって同調させるかが大きな課題だと思います。

世界大戦以降、国家間には経済や宗教による争いが生じ続けています。
特に経済的な争いは全ての国家間に存在し、各国内では民間企業が争っています。

そういった争うという選択肢を無にすることができたなら、平和は近づき、経済的な
優位性を生きがいとしない思考が文化となれば、差別やいじめもなくなるはず。

負の分断を排除できる世界を望みます。
こんなことを感じたり考え願うのも、コロナ禍がもたらしたものなのかもしれません。
だとすれば、「今」は歴史に必然の変化として刻まれることでしょう。

美容師SNSの今後

僕がFacebookを始めたのは2011年に起きた東日本大震災の直後です。緊急時には、携帯電話での通話やメールにおける通信の質が下がり、連絡が取りにくい状況が生じることを知り、ネット上の掲示板やSNSを利用すべきという報道を見て、その利用価値を理解しました。

今やSNSは自己ブランディングの表現手段にもなり、動画などで収益を得たり通販サイトへ誘導したりするなど多面的な価値を持つようになっています。

美容師も「集客」という大きな目標を持ち、ポータルサイトやブログから、インスタへと大移動しましたよね。

自分で仕上げたお客さまやモデルさんのヘア写真をこまめにアップする活動はすぐに広まりました。そしてフォロワー数や、いいね！の数が集客につながり、美容業界にもさまざまな影響を及ぼす世界になっています。

僕も大いに活用し、発信している側なので、特に否定的な考えや意見はありません。スタッフが一生懸命に投稿しているのを見ると、応援したくもなります。しかし今後を考えると一抹の不安があるのです。

これって一生やっていくことなのかね？と……。

思い返すと僕らは雑誌やメディアに出ること、出られることに憧れを抱き活動していました。ただ、そうした活動は日常的なものではなく、外部活動としてサロンワークと分けて考え、行動していました。
それが今のＳＮＳは日常に溶け込み、若い子たちを含め、いつでも誰でも見たり発信できたりすることにある種の怖さを感じるのです。

それが全てにならないようにしてほしい。

目にする情報の全てが本当のことではありません。いろいろ渦巻いています。
常に客観的にも見られるようにしておいてほしいのです。

ヘア写真を投稿するなら、その数よりも、自分が本当に得意で好きでつくったヘアスタイルだけでよいと思いますよ。

それが現実であり、美容師としての自分の真実なのですから。

IKEA
クマ

集客の罠

先に言っておきますが、集客活動が悪いこと、問題だというわけではありません。集客は結果を生む過程であり、そこに結び付ける行動様式には細心の注意が必要だというお話をしたいのです。

僕らの時代よりも以前から、商売と呼ばれるものは集客活動に邁進《まいしん》してきました。僕の知る限り、美容業界では新聞広告やポスティング、駅前でのチラシ配布など、多くの美容室がさまざまな広告活動に取り組んできました。

特に手渡しのチラシ配布は、多くの経営者が事業の立ち上げ時、新規開店時に朝から晩まで配った！という武勇伝もたくさんありました。

僕がデビューした当時、約40年前に集客につながる行動として力を入れていたのは、お客さまやカットモデルさんからの紹介です。仕上げたヘアを気に入ってもらえたな、という感触を得たお客さまには「紹介カード」を10枚ぐらい差し上げ、紹介新規の増加につなげていました。

提案したヘアが、その方の周囲から好評を得ると、「素敵ね！　どこで誰に切ってもらっているの？」と声を掛けられるので、気持ちよく紹介の輪が広がるわけです。つまり自然とwin-winな仕組みが出来上がり、好循環となっていました。

実際に知っている方やお友だちからの紹介だと、新規として来店する方にとっても安心感が全然違いますからね。

そしてここ15年ぐらいですっかり定着したのが、各種ポータルサイト広告を活用した、有料での集客活動です。サイトのプランに合わせ、各サロンが1つの手法としてヘアスタイルの写真やブログを毎日アップし、集客につなげています。

初めは広告費というハードルが高く感じられたせいか、活用するサロンは少数で、利用しているサロンにとってはアドバンテージがありました。

しかし掲載サロンが爆発的に増え、少々様子が変化してきました。
低価格競争やトリートメントサービス、ストレートパーマプランの激安化といった手段が増え、ネット上での広告至上主義が進んでいったように感じます。

現在では、ＳＮＳを使った集客が活況で、その主流はInstagramでしょう。

投稿される素敵なヘアデザインのモデルさんの画像はヘアカタログと化し、「こうなりたい」と支持を集めたヘア情報がバズるのです。
これは特に若い技術者がリードしている文化ですが、最近は大人世代へのアプローチに切り替えられているような状況も見えます。こうした動きは、自分印のヘアデザインの良さを広める活動として、今や技術者にとって必須のアクションとなっており、これからもその傾向はしばらく続いていくでしょう。

繰り返しますが、これらの集客活動は悪いことではなく、むしろ必要です。

ただ、あまりにもそこにエネルギーをかけると、技術者として大切なもの、大切にしてきたものが埋もれていってしまう恐れもあるのです。

自分たちが長い時間をかけ、必死で練磨してきた技術と、磨き上げてきたセンスが、安く低く見られてしまわないように注視していくべきです。

美容が、美容師が、お客さまの生活に必要とされ、憧れられる職人・技術者という存在であり続けるために、絶対に守るべきプライドも必要。

集客活動に没頭し過ぎて、当初自分が思い描いていた美容師像や、サロンのイメージを見失わないようにしていきたいものです。

美容師はどうなっていくのか？

これからのことなど誰にも分からないという事実を、僕らは現実に知りました。

世界中でパンデミックが起きるなんて誰が予想した？

これは映画の世界の話じゃなくて、現実ですからね。

というわけで、僕は予言者でもないしコンサルタントでもないので、未来のことを語ってもハズレます。でも美容師のこれからについて、自分なりに感じることがあるので、その辺のお話を。


どんなにカットの巨匠だと呼ばれようが、最高峰のコンテストでグランプリを受賞しようが、我々はサービス業に従事していることに変わりありません。

ここを大きく勘違いしている人が多い気がします。

有名だろうがテレビに出ていようが、金持ちだろうが何だろうが、美容師はお客さまがあってこその仕事であり、それで自分たちの生活が成り立っています。

分かっているつもりでも、若さや見栄がこの事実を曇らせてしまうこともあります。どうしても、常に自分を中心に考えてしまう。

人のために生きられるか？
パートナーやスタッフはもちろん、お客さまのためにも。

美容の仕事が好きなのは基本中の基本。
そうじゃない人は難しくなります。

美容の仕事を愛するからこそ献身的に生きられる。
大げさかもしれませんが、自己犠牲の精神も必要なのです。

美容師の仕事がなくなることはありません。
このコロナ禍でハッキリとそう感じました。

お客さまたちが僕らを必要としてくれて、本当にうれしかったよね。
その気持ちを大切にしましょうよ。

それぞれに役割があるのだから、みんなが派手に生きなくてもいいのです。
向き不向きもありますからね、好き嫌いも……。

それでもあなたの仕事を必要とする人はいる。
将来を不安視するよりも、今、目の前にいらっしゃるお客さまへの仕事に全力集中していきましょう。そうすれば、あなたが希望する未来の美容師像に、自《おの》ずと近づいていくはずです。

学ぶことを忘れず、シンプルに考え、シンプルに生きて歩んでいけば大丈夫。

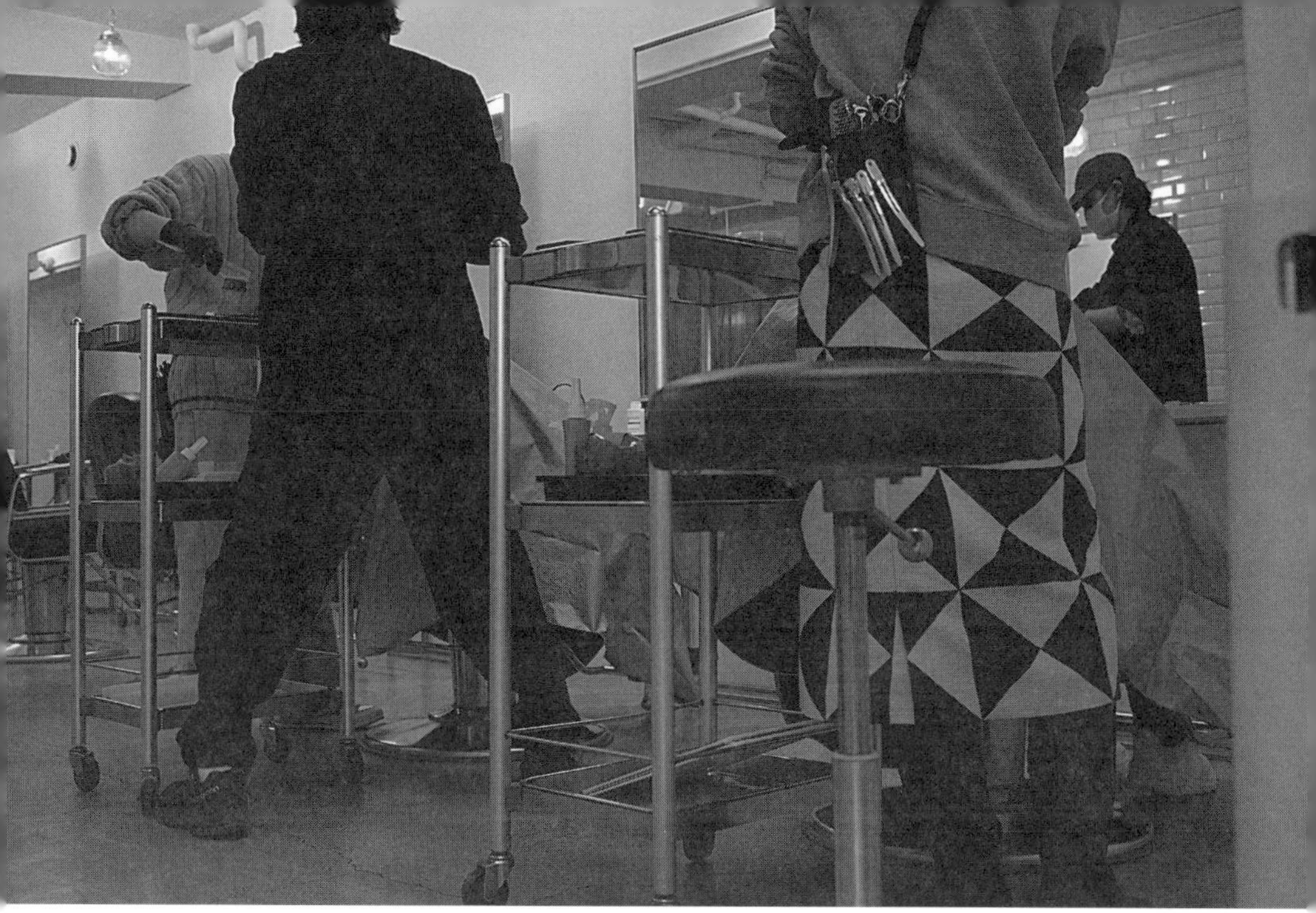

技術バカになるな

僕ら美容師は、どうしてもテクニックの精度や質にこだわりがちです。
技術はとても大事です。習得した技術で長くご飯を食べていけるのですからね。
しかしそれだけだと盲目になり得ます。
技術が優れている人にこそ、死角が生まれやすいのです。

自分は今の環境の中で、最もクオリティの高い技術で仕事ができている。
必死に技術力を積み上げてきた、今も売上実績は十分、指導だってしている。
キャリアの長い人だとそうしたプライドもあるでしょう。
ただ、そうなり過ぎると目線を変えることができなくなってしまいます。
孤高の技術者になってしまうのです。これは年長者に限った話ではありません。

例えば子どもと同じ目線でものごとを見ると、今まで自分が信じて疑わなかった常識に違和感を覚えます。知らず知らず盲目になるとはそういうこと。だからこそ、答えは１つではない！　柔軟に考えられるのが重要だ！と僕は頭の中で散々繰り返してきました。

常に優先順位を考えるようにしてみましょう。最も大切にしたいのは、僕らの技術とセンスを通じてお客さまに喜びや、少しでも幸せを感じていただくこと。

似合うヘアで、手入れが楽。周りの人も憧れてくれるヘア。コレが最高の目標。技術が優れていても、どんなにクオリティが高くても、提案したヘアデザインが憧れられるようなスタイルでないと、その技術には意味がないですよ。そういうふうにだけはならないよう、自分を俯瞰で見ることを常としましょう。

と、自分にも言い聞かせてみる。

明るいパーマネントの未来

流行りとかブームとかいう軽い話ではありません。他のメニューとの比較でもない。あくまでも可能性の話。

まずパーマの薬液については、日本の各メーカーさんが薬剤の課題に向き合い、顧客である我々美容師の要望をリストアップし、開発につなげてくれています。今までは、その理論を割と簡単に理解でき、シンプルに使いやすい感覚の製品が多かった気がします。それが最近では、我々が製品のスペックやpH値などを細かく理解・判断してこそ使えるものが多くなりました。

加えて、独自のサイエンス的な理論で、本気の薬剤をリリースし続けているメーカーさんの存在感も増しています。

こうした動きに目を向け、取り入れる美容師さんも同様に増えました。
少し前からその傾向が高まっていて、時代が変わったタイミングで一気に加速したように感じています。

この流れはしばらく止まらないでしょう。
コロナ禍で少し手の空いた美容師たちが立ち止まり、本当に良いものは何か？とより良い技術や知識を探し始めた証拠、裏返しなのかもしれません。

もっと喜んでもらえるヘアを提案したい、デザインの本質で勝負したい。
渇望ですよ。

自分たちが学び、培ってきた技術や理論を下地に、もっと独自性を打ち出し始めようとしているのです。このムーブメントは、もしかしたらコロナ禍がなければ、ここまで広がらなかったのではないかとも思います。

RESTARTです。

古い知識や技術を見直し、捨てて、自分たちをリブランディングする。
お客さまから頼りにしてもらおうという、意欲とも感じられる空気があります。

もちろんパーマのデザインも進化し、世代を問わず可能性を広げています。そこで必要となるケアの方法や、提案する我々の意識も高まり深まっています。
またヘアカラーによるダメージとのバランスを感じ取るセンスなどもますます重要になっていくでしょう。

背景は整ってきています。

学習するなら今ですよ。

デザインの発想力はどう磨けばよいのでしょうか？

デザインは天から降りてくるわけではありません。日常的な仕事の中で、少し気になるデザイン、違和感などを見つけていくのも大事です。日々の積み重ねですね。ただし条件があって、「自分はコレが好き！　コレが得意！」というものがないと、発想にまでたどり着けません。得意なものがあればこそ、違和感に気付くことができるのです。

今後、日本の美容業界には何が必要だと思いますか？

1つに絞るなら、高い料金設定をできる職業になることです。さまざまな問題がここに集約される。美容師が将来を見据えられるような価格設定を確立していく必要があります。そのためには具体的な仕組みが必要になるでしょう。あくまで例え話ですが、サロンのタイプごとに、美容への消費金額が高い世代・層を見極め、それを軸に若い技術者でも高料金に設定するなど、逆転の発想も大切かもしれません。

技術の話をしよう

まだまだ僕らは技術の話が足りないのだと思う。キャリアが長くなっていくと、技術のことは当たり前になり過ぎて、普通の会話に登場しなくなっていく。僕自身もそう。ただ、これからもっとしていくべきだと感じる。コロナ後は、それまでの生活や価値観に戻すだけではダメだと。

皆さんが培ってきた技術や知識は残すか広めるかして、伝えつないでいくことが必要だと思います。

東京の有名なサロンから来た先生に、技術を教えてもらうのも素晴らしいことですが、自分の身近にも優れた人たちがいるはずです。皆さんが得た技術やセンスを共有し、つないでいくことが不可欠ではないでしょうか。

今まで努力し、習得してきた技術だからこそ、継承しないとダメなのです。
話し、伝え、つなぐ。
たとえ同じ商圏のサロンとでも、長い目で見れば有意義な結果がもたらされるはず。
自分たちの技術やセンスを向上させれば、地域のお客さまの美意識が上がります。
美しさの幸福感を一度でも体験すると、特別なことがない限り後戻りできません。

街全体の生活意識も変わるはずです。
そうなれば来店頻度が上がります。
高料金をいただくことでさえ夢ではなくなるのです。

コロナ後、皆さんはどんな会話をしますか？
美容技術の話、センスの話をしましょうよ。
それは誰とでもいいのです。
お客さまとでも、家族や友人とでも。
そこから美容の価値が広がり、高まっていくのです。

磨きをかける

何を目的にしていくのか？　何を目的にすればいいのか？
自分には何ができるのか？

行き詰まってしまうことは誰にでもあります。
それが顔に出てしまうか、出さないかだけの違いであって、実はみんなにある。
誰にだってできなくて泣きたいときやつらいときはある。
悔しくて泣きたいときは泣けばいいのです。
僕も泣きます。あまり見せないだけ。
小さい頃は泣き虫でした。それが恥ずかしくてコンプレックスで……。
優しい子などとも言われましたが、僕は男としてそれがさらに恥ずかしく……。

話を戻しましょう(笑)。

得意なことや好きなことを伸ばそう！とよく言われますが、最初は何が得意で好きなのか、自分では今ひとつ分からないものです。


だからこそ、今一度自分を見つめ直したり、勇気を持って周りの人に、自分の特徴は何かを聞いてみたりするのも大切です。


美容師は、コツコツと積み上げていけば必ず成長できます。

辞めずに続けていけば、仕事の質は上がります。そのためには些細《ささい》なことにも目を向け見落とさないこと。そうすれば、いずれ人に喜んでもらえるものが見つかります。

これだ、と自分で感じられるものを見つけられるはずです。


あとはそれと真っすぐに向き合い、磨きをかける。

最初は人より劣っていると感じても、それは必ず、絶対に優れた武器になる。

能力と呼ばれるものは、最初はみんな平等に持っています。

諦めず、磨きをかけ続けた人が、才能ある人と呼ばれるようになるのです。

動く

永遠ということはない。
全てにおいて、今が永久に続くことはありません。
生物の時間には限界があります。
遂げて、尽きる。

時代の流れや価値観は変化し、生まれ消える。

人、物、事。

どんなつながりであろうが、途切れる時は来ます。

それでも人は前を向いていく。
前に進むのです。
生きるとはそういうこと。

一歩ずつ。
少しずつ。
必ず明日は来る。
朝は来るのです。

励まし合って前に進み始める。
動くことが、レクイエムになる。

そう、思う。

美容はビジネスなのか？

僕が美容師を志した高校生の頃、今から45年ぐらい前は、日本全国の美容室は街のパーマ屋さんでした。

嫌な意味ではなく、八百屋さんや魚屋さんや街の電気屋さんみたいな存在だったのが、ポツリポツリとおしゃれな雰囲気の美容室がオープンしたりして、ちょっと話題になる程度だったと記憶しています。

東京では、その頃から海外で修行した先生方が一等地でサロンを開業され、その後の美容師ブームをけん引していきました。

それから、ヘアのデザイン力やカットの腕を競い合う傾向が続いていたのです。

HEAVENSがオープンしたのはそうした時期です。

その次の世代から、ポータルサイト広告での集客活動が活発になり、風向きが変わりました。美容室が広告費をかけてお客さまを集める時代に突入したのです。

さらにスマホの普及も美容業界を動かします。

今はポータルサイト広告を使ったサロン単位での集客だけでなく、ＳＮＳを駆使し、個人単位で集客する時代です。今後、ＳＮＳに代わるようなツールが登場する可能性もあるでしょうが、こればかりは僕にも予想できません。

ただ、少し憂いています。美容が、ヘアデザインが、カットなどの技術がお金を得るためだけのものになるのは寂し過ぎます。

技術を習得し、独自に進化させ、それを次世代に伝え、広め、つなげていく文化が継承されていってほしい。

地域の人々の清潔と安心、業界でのつながりや貢献。
自分だけでなく、自サロンだけでなく、それらを包む大きな世界の価値向上に挑戦してほしいです。

そろそろ経済の仕組みも考え直す必要がある今。

美容の世界はどんな姿に変わっていくのか?
ビジネス面での進化も必要ですが、オシャレな姿でありたいものです。

BURTON
4.0t

キャリアの先にあるもの

多くの美容師さんは経験を積み、お客さまが増え、それなりの年齢になると、独立を考え始めるでしょう。それがこの業界の自然な流れとして続いてきました。美容師人生の後半は、自分の力でやっていくべきだと。

僕はというと、あまりそういった考えを持っていませんでした。それよりも所属していたサロンを成長させたかった。独立したのはただただタイミングでした。

美容師に限らず、料理人やパティシエといった、つくって売る職人たちの多くは、いずれ自分のお店を持ちたいという夢を見ます。これも自然なこと。夢としては良い。それを目標にがんばれるのですから。

ただし、そこで問題になるのが経営者になれるかどうかです。

例えば資金面。サロン運営にあたっての資金繰りは、常に意識すべきで、迅速な判断が求められます。またスタッフの報酬と管理、役所関係の事務作業、経理など、経営にまつわることは全て把握し、携わる必要があります。だから経営者にはほぼ休みがありません。365日、頭のどこかでお店や社員のことを考え続けているのです。

大変だとは何となく知っているけれど、何とかなるはずだ。

成長したという証し、成熟したという判断に基づき独立を選ぶ人も多いのでしょう。

僕はそうではない道、サロンに所属しながら美容師を長く続けられる方法を模索してきたし、展望もしていました。店を出すことも1つの生き方です。でも、それだけが美容師を続けるための道ではないはずだと。サロンという組織には多くの役割が必要です。その役割を見いだし、スタッフに任せることで1人ひとりが成長でき、サロン全体が成長していけるのなら、それも有意義ではないかと考えています。

これからどんなふうにできるか分かりませんが、僕としてもサロンとしても、独自な生き方やサロン運営をしていきたいです。
スタッフが望む景色のさらなる高みを描きたい。

自分にしかできないお店をやりたい。そのイメージを具体的に、ハッキリと思い描けている人以外に独立はおすすめできません。

他力本願の集客や、プログラムされたスタッフ教育だけでの成功は難しいと感じます。将来を思い描くのは自由ですが、責任を伴うことも忘れないでください。

引き返せません。

独自性を持ててこそ、独立なのです。

HEAVENS

自由という責任

何としても要領よく生きたい、とにかく有名になりたい。

こういったことを語る人が多い気がします。美容師さんも例外ではありません。

それは若者に限った話ではなく、大人世代も投資や資産運用など、言い換えるなら他力で稼ぐことで頭がいっぱいになっている人が増えているのではないでしょうか。

僕は面倒臭いのはダメだし、そこに費やす時間もないので、そういったものには向いていないとあっさり諦めています。

というよりも、そういったタイプの方とは人生観が違うのでしょう。

人から指示を受けたくない、競争は嫌だ、要領よく稼ぎたい、無駄なことはしたくない、だけど有名になりたい。

こういう考えは昔からありましたし、今でも実際に聞こえてきます。また、それを理由に仕事を辞めたり職場を変えたりする美容師さんのこともちらほら見聞きします。

僕にはちょっと何言ってるのか分からないんですが、そうした考え方は決して珍しくはありません。

多分戦後の高度成長期やバブル期でさえ、縛られるのを嫌がったり、人間関係や待遇、適性などを理由に職業を転々としたりした人は多く、同じ職業や職場で一生仕事し続けた人の方がむしろ少なかったのかもしれません。

とはいえ職業の選択は自由です。

これは日本国憲法第22条において保障されています。自由なのです。

ただし自由に生きるというのは、全ての責任を自分で背負い、それをハッキリと自覚して生きるということです。

今は発言・発信方法の自由度が上がり、特にＳＮＳ上では表現した内容が意図に反して炎上するという事態も起きています。中には初めから炎上狙いのスタンスで、人の怒りが大好物な人もいます。

本当に真理を突いていたり、品行方正な意見でさえ、発信者の立ち位置やタイミング次第で炎上することもあるわけで、表現方法がなかなか難しくなっています。そしてとかくＳＮＳ的なものの言い方や、反論的でイケてる若者風な表現があたかも正義であり、カッコイイのだという風潮もあるように感じています。

何だか世の中には、批判精神上等な感じを出すのが良いようなムードが漂っている。それは違う気もするけれど、僕らもある時期はアンチや反骨精神が大事だと思って表現していました。

手法が違えど、根本はそんなに変わらないのかもしれません。

特にデザインするということは、社会や世間にケンカを挑んでいるようなものなんですよ。そのマインドだけを切り取ると、確かにアナーキーですもんね。

他力ではなく、自分の信じるものを堂々と表現したいのであれば、どんなスタンスでやったっていいと思います。

若気の至りだろうが、やり切っちゃえばいいわけですよ。

その代わり、自由という重い責任を背負うことになります。

それをやりがいに変えられて、結果を残すことができれば本物です。

美容業がこれからも成長し続けるためには？

前提として、物価を上げられる社会になることが重要です。

つまりあらゆるサービス業で、単価を上げられる状況になること。

その上で、我々は高度なサービスを目指し続ける。価値を生む技術者となり、それが社会に認知されれば客単価の高い職業となるはずです。


これを実現するためのアイデアと行動が必要です。

そして結果を積み上げていかなければいけない。

そのためには業界全体での意識改革が必須となるでしょう。


薄利多売からの脱却。これしかない。

最近、大手牛丼チェーンが値上げを発表しました。なぜか日本では、外食産業における低価格帯の代表格として、牛丼チェーンの価格動向がしきりに報道されます。２０２１年は10～20％ぐらいの値上げです。その理由は食材の高騰や原油高などのようですが、人件費の上昇、今後のリスク回避といった面もあるのでしょう。つまり利益をプールするためにも値上げが必要だと判断したのだと。賢明な経営判断だと感じますし、最終的に国民の収入を上げるためにも、ただ安いという価値観だけだと今後は難しくなっていくと思います。

身近な商品（牛丼）だからピンとこないかもしれませんが、その値上げ率を単純に美容料金に置き換えると、カットが５０００円なら５５００～６０００円、パーマやカラー込みで１万円なら１万１０００～１万２０００円ほどになります。

この値上げには相当な覚悟が求められるはず。
それでも、これからは高単価化が絶対に不可欠です。
そうしていかないと、いろいろな意味で魅力的な業界にはなり得ません。

もちろんそれ相応のプロセスが必要です。

まずはメーカーさん。原価が上昇するから値上げは仕方ないと思います。ただし一斉に上げていただきたい。一部のメーカーさんではなく全体の底上げです。ディーラーさんには教育活動にさらなる注力をお願いしたいです。学びにつながるイベントなどへのお金の掛け方を考えていただきたい。行き着くところは美容師の収入を上げられるような状況づくり。そして離職率を下げ、続けていきやすい職業にしていくことです。

そこから社会貢献の方法を、経済面も含め、改めて構築していく。サステナブルな仕組みづくりも同時に進め、業界の価値向上に美容業界総出で取り組むことができたなら……。

課題は山積みですが、次世代の美容師たちのためにも大きく舵《かじ》を切ってほしい。当然僕ら自身も過去の常識にとらわれず、意識を改革していかなければなりません。

心の中のクリエイティブを止めない

2020年は新型コロナウイルスの世界的な感染拡大で、各地で都市封鎖、医療崩壊なども発生し、一般市民の生活や活動にも大きな影響がありました。

美容業界もほとんどのイベントが中止に。

僕も予定していた20本以上の仕事がなくなりました（涙）。

イベントの主催を担う、業界の団体やメーカー、ディーラーの皆さんも苦慮し、何とかクリエイティブ活動の灯を絶やさないために企画し、オンラインに転換・開催されたイベントもありました。

日本最高峰のフォトコンテスト・JHA（Japan Hairdressing Awards）も、美容師の未来のために、開催することを前提に進めていました。

確かに美容師のサロンワークにおいて、クリエイションはどれだけ必要なのか？　みんなが望んでいるのか？　そもそもそんなことをやっている場合じゃない！　それどころじゃない！といった厳しい声も多くあったと聞いております。

本当に社会全体が厳しかったですよね……。

でも1つの明かりが差し込みました。

お客さまが、僕らがコロナ禍の中、感染に最大限注意しながらでもイキイキと仕事することを望んでくれていたのです。

美容師の仕事って必要よね、オシャレした美容師さんを見るのが楽しみ！と。

何だか、がんばれそうです。

どんな形や規模であれ、心の中ででもいいから、ステキを究める。

自身の中のクリエイティブを止めてはいけないのです。一生。

自分の人生にエールを！

結局自分の人生は自分で決め、生きていくしかありません。

経営者は本当に孤独です。
タイプにもよるのでしょうが、僕はそう感じる部分が多々あります。脳を休める暇もなく、考える時間が好きじゃなければ務まりません。

僕は比較的何かを考えるのが好きですし、興味があればメリットが無くても動く。
1人で何かにのめり込むのも、大人数で何かをするのもどちらも好き。
そう考えてみると、割と向いているタイプなのかもしれません。

それでも経営者ではない、違う人生を送ってもみたかったです。
年中旅をしている人生も良いですよね。Leicaを持って世界中を旅するような。
美容師をしていても、できないことではなかったのかもしれません。現にそういった方もいますから。そうした生き方も、少しうらやましく感じます。

自分自身を振り返ってみて。
まだまだ美容師として結果を残せていないような気もします。それでもこうやって活動させていただいているのだから、取りあえずは良しとしましょう。

人生は儚い。人生は過酷でもある。それでも自分は自分の人生を応援したい。

皆さんもご自分の人生を好きになってください。
そして自分にエールを送ってください。

さあ、また明日からSTARTです。はりきっていきましょう!

原宿に、カルチャーの"匂い"を取り戻せ
"生きる"ということを五感で学べる場所
ゴチャ混ぜのカオスな原宿を作品に残したい!

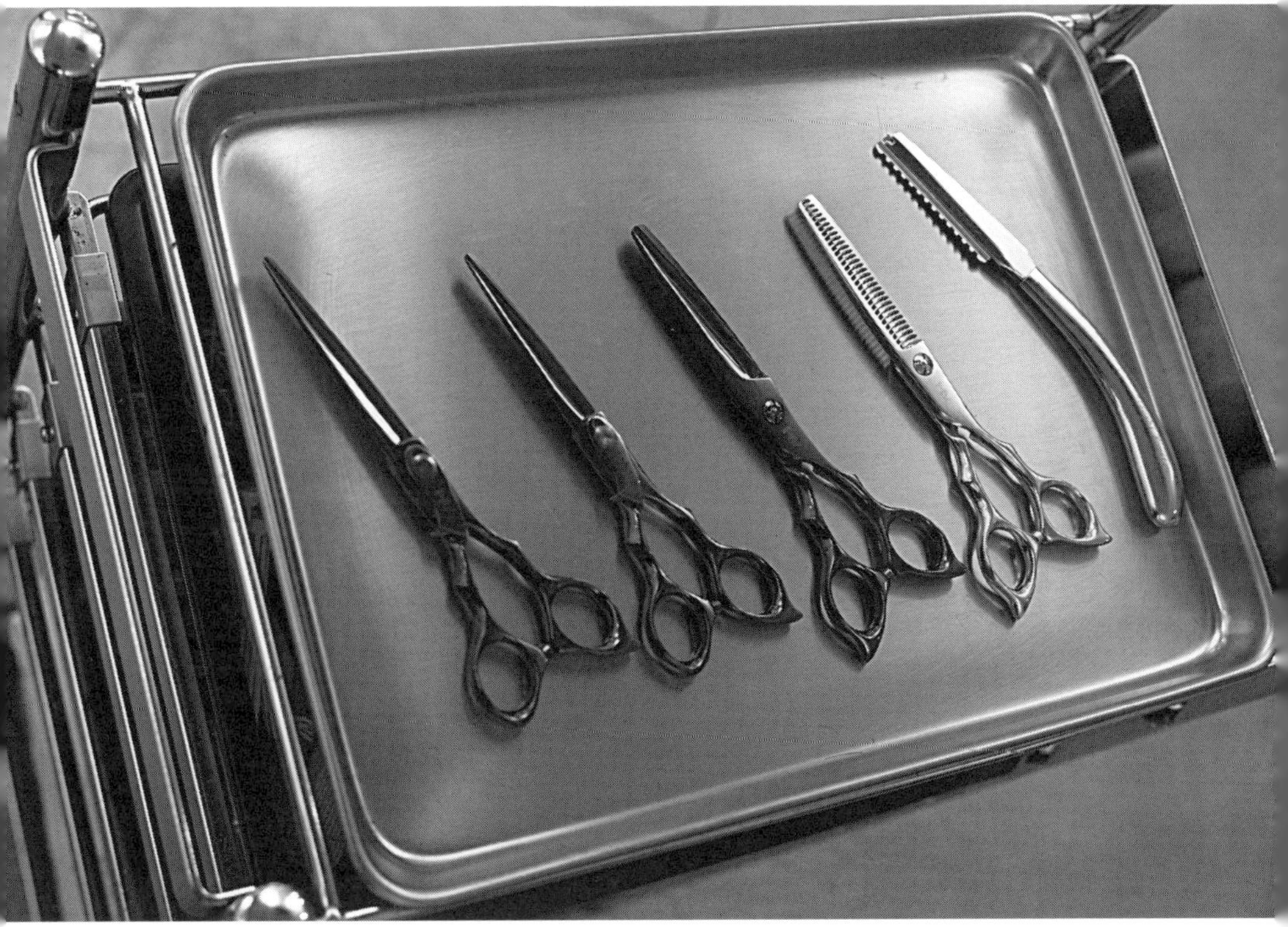

エピローグ

正直な話、今回は執筆に本当に苦労しました。

ご時世柄、どうしても使える脳が一部に限られていた気がします。

クリアで明確なひらめきに至るまで、時間とタイミングが必要でした。

コロナ禍の中、僕もいろいろなことを抱え、悩み、考えました。

いったん立ち止まり、足元をしっかり確認することもできた気がします。

執筆を振り返ってみると、僕の中の経営者としての顔が常に前面にいる感覚でした。赤裸々な感触です。

そうした中で、良かったこともあります。

本編でも少し触れましたが、自分の未来を考える時間がつくれたことです。

お客さまとの関係性の重要度や、感謝の気持ちを再確認できたこと。

そして美容師を仕事にして、長くやってきて本当に良かったと感じられました。この感覚が全ての原動力でした。

スマホで得られる情報だけでなく、この紙の本のページをめくり、あなた自身が気に入った文言を探してください。

そしてその先はご自身が前を向き、動くことで答えを見いだしてください。

この本が、コロナ禍を抜け、新しい時代を生きる皆さんのRESET. REPLAY. RESTART. の機会となれば幸いです。

HEAVENS 小松 敦

最後に、コロナ禍で直接一度も会わずとも、編集とサポートをしていただいた株式会社女性モード社の小松裕弥氏に心より感謝申し上げます。

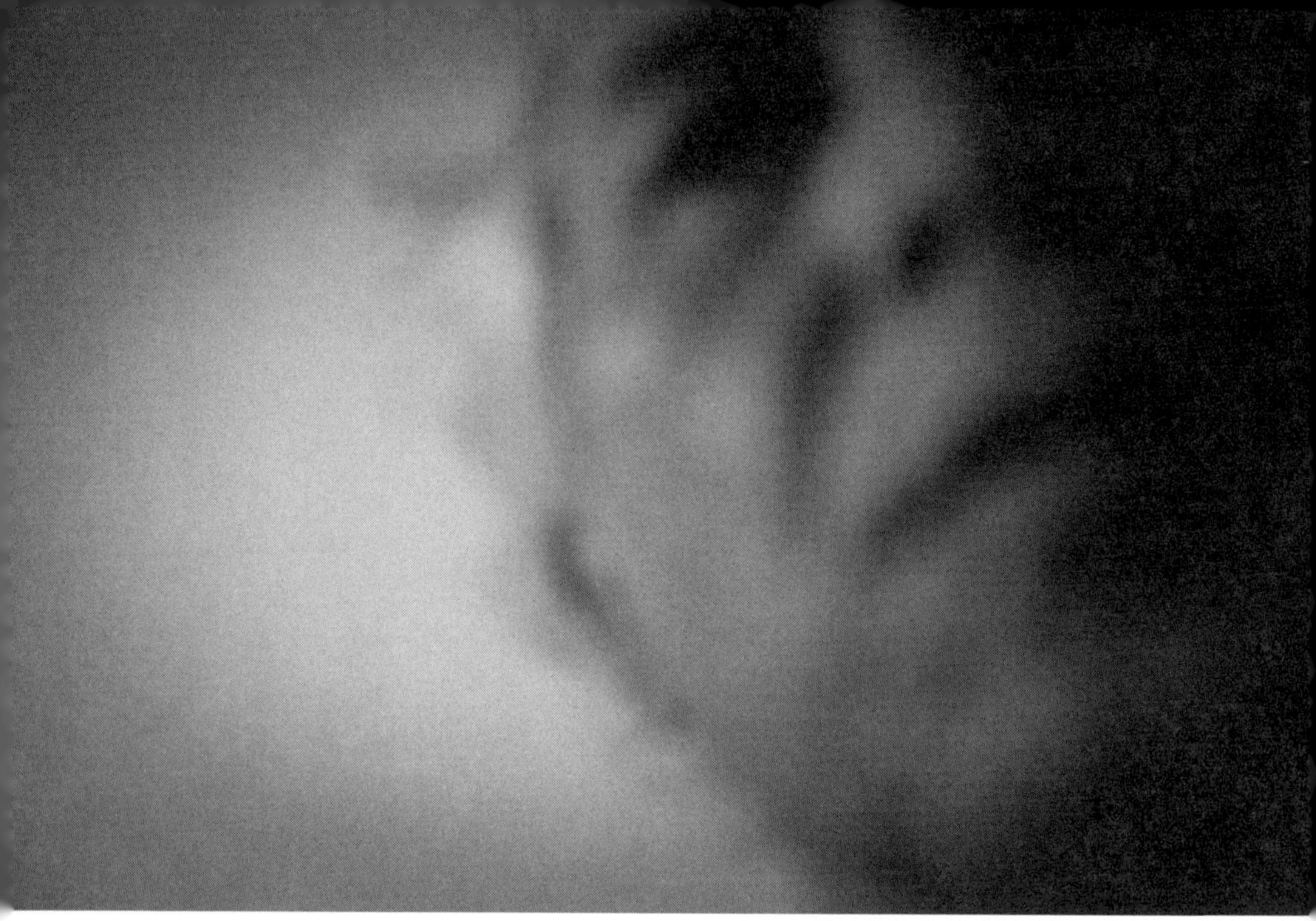

小松 敦／コマツ・アツシ

1959年生まれ。山形県鶴岡市出身、日本美容専門学校卒業。1993年、東京・渋谷に『HEAVENS』を設立。現在、表参道、代々木上原で4店舗を展開。独自の技術理論「ツーセクション カット」やアグレッシブなヘアデザインで注目され、JHAロンドン審査員賞、準グランプリを受賞。全国で開催される多くのヘアデザインコンテストで審査員を担当。2016年にはJHAの審査員に就任。ヘアデザインの表現思考「リアリティブ」を提唱。全国各地でのライブセミナー「チョッキン！」、独自セミナー「コマト～ク！」、地域イベント「白ばらヘアショー」、YouTube「チョッキン倶楽部！」など、多岐にわたって活動。2021年、美容師のためのワークウエアブランド「IMAGE CHANGE PROJECT.」を立ち上げる。『似合う髪 美しい髪 新しい髪』（女性モード社刊）を2018年に上梓するなど著書多数。「Leica」の愛好家。